パーパス浸透と実践の

企業が成長し続けるための7つのステップ

齊藤三希子

宣伝会議

企業が成長し続けるための7つのステップ

パーパスの浸透と実践

はじめに

・パーパスを策定したけれど、この先どうしたら良いのかわからない
・パーパスを策定したことに満足してしまい、画餅になっている
・これからパーパスを策定する予定だけれど、浸透、実践につなげるための方策を知りたい
・パーパスってバズワードっぽいけど、本当に意味あるの?
・従業員全員で同じ方向を目指していきたいが、方法がわからない

この本を手に取っていただき、ありがとうございます。きっと皆さんには、右のような課題があり、本書『パーパスの浸透と実践』を読んでみよう、と思われたのでしょう。これは、パーパスをすでに策定した、もしくはこれから策定する予定があるものの、その後の浸透方法に迷っている実務担当者の皆さんに向けて書かれたものです。企業のパーパスを明確にすることは重要ですが、その後のステップである浸透と実践こそが、企業全体を持続可能で成長し続けるグレートな組織へと導く鍵となります。

また、これからパーパスを策定する組織の方には、単にパーパスを策定するだけでなく、そ

の策定プロセス自体も浸透の第一歩であるという視点を持っていただけると、その後の浸透活動がスムーズに進めやすくなります。パーパスの策定は終わりではなく、スタート地点にすぎません。例えば、パーパスの策定時にアンケートを実施することで、参加した従業員の「コミットした感」を醸成することにつながります。策定段階から組織全体を巻き込み、全従業員が共感し理解するプロセスを構築することが、後の浸透を円滑にするためには、極めて重要です。もしこれからパーパスを策定しようとする組織の方がいらっしゃったら、浸透、実践の視点を持って策定に取り組まれると高い効果を得られるでしょう。

なぜ本書を書いたのか?

近年、パーパスブームとも言える現象が見受けられます。多くの企業がパーパスを掲げ、その重要性を認識しています。しかし、パーパスを単なる流行として捉え、表面的な策定に終始してしまう企業も少なくありません。私が代表を務めるエスエムオーは、10年以上前からパーパス・ブランディングに取り組んでおり、おそらく日本で初めて「パーパス」の概念を持ち込んだコンサルティング会社だと自負しています。それも、日本企業、ブランドが成長し続けるためには、パーパスが必要である、と強く認識したからに他なりません。

しかしながら、それは「正しく認識し、活用」することが条件です。パーパス、という言葉が一般的になりつつあるこの状況は、嬉しくもある反面、きちんと理解して素晴らしい組織になるために活用してもらいたい、と強く思っています。従って、このようなバズワードのようになっている状況に警鐘を鳴らし、パーパスの真の価値を理解し、それを企業文化として根付かせるため前著『パーパス・ブランディング〜「何をやるか?」ではなく、「なぜやるか?」から考える』を書きました。おかげさまで予想以上の大きな反響をいただき、本を読んでくださった企業の方からのお仕事も多くいただくようになりました。そして、本を読んだ感想として、「パーパス・ブランディングはよくわかったので、次は何をやったら良いのか教えてほしい」や「パーパスを策定した後のことを知りたい」というお声をいただきました。世の中の現状と、読者の方々からの感想をもとに、今回は、具体的な方法を提供するために、このたび本書を書きました。

本書の構成

本書では、パーパスの策定と浸透の両面にわたり、具体的な事例や実践的なアプローチを紹介しています。

パーパス実現への道のり

第1章「理解　パーパス・ブランディングとは」

第2章「準備　パーパスを導入する前に」
第3章「発見　パーパス・ディスカバリー」
第4章「浸透　パーパス・ムーブメント」
第5章「ムーブメント施策」
第6章「マイ・パーパス」
第7章「実現　グレートネス」
とインタビュー、コラム、資料で構成されています。
パーパス・プロジェクトは組織に合った形で導入されるべきであり、決まった型というものは存在しないのですが、あくまでプロトタイプとしてのパーパス実現への道のりを冒頭につけました。全体の流れを知ることで、パーパスが浸透していく様子がイメージしやすくなると思います。
第1章「理解　パーパス・ブランディングとは」では、その定義やパーパスが世の中に広がっている背景などを解説しています。
第2章「準備　パーパスを導入する前に」では、実際にパーパスを導入すると決めた後に、やるべきことを書いています。最初の設計はとても重要ですので、ここは、ぜひよく読んでいただきたいところです。

第3章「発見　パーパス・ディスカバリー」は、パーパスの策定方法について記述しています。私たちは、策定も浸透の一部と位置づけているので、従業員の巻き込み方なども参考にしてください。策定はもう済んでしまったので浸透のことを知りたい、という方は、ここは読み飛ばしていただいても大丈夫です。

第4章「浸透　パーパス・ムーブメント」、第5章「ムーブメント施策」は、この本で最も伝えたいパーパスの具体的な浸透施策について言及しています。浸透について、具体的に書いてありますので進め方などイメージしやすいと思います。

第6章「マイ・パーパス」は、ムーブメントの一つでもあるのですが、昨今、話題になることが多い個人のパーパスについて、定義から始まり切り出して一つの章にしています。

第7章「実現　グレートネス」は、パーパスは策定、浸透することが目的ではなく、それをもって成長し続けること、偉大な会社にしていくことが目的であることを、パーパスを策定、浸透、実践している素晴らしい企業の事例を交えながら書いています。この章を読むと、ワクワクして、パーパス・ドリブンな組織で働きたい、自分たちの組織もそうしたい、と強く思うようになるかもしれません。

インタビューでは、富士フイルムホールディングスのパーパスの浸透についてお話を伺いました。彼らならではのオリジナリティーにあふれた、でも応用可能な浸透施策についてです。

企業が持続可能な成長を遂げるため、偉大な会社になっていくためには、従業員一人ひとりがパーパスを理解し、自らの行動に反映させることが必要です。そのための手助けとなる一冊として、皆さんのお役に立てれば幸いです。

[Phase 3]

Movement

パーパスの浸透

第4章：浸透
パーパス・ムーブメント

第5章：ムーブメント施策
浸透のための各施策とその詳細

第6章：マイ・パーパス
企業パーパスと
マイ・パーパスとの重ね合わせ

Steps

- □ 浸透サイクルを理解する
- □ 体制を再編成する
- □ ムーブメント・ワークショップを実施する
- □ ムーブメント計画を作成する
- □ 計画に基づいて実行する

[Phase 4]

Greatness

パーパスの実現

第7章：実現
グレートネス

Steps

- □ パーパスを実現しつづける

パーパスの実現への道のり

[Phase 1]

Foundation
パーパスの基礎

第1章：理解
パーパス・ブランディングとは?

第2章：準備
パーパスを導入する前に

[Phase 2]

Purpose
パーパスの発見

第3章：発見
パーパス・ディスカバリー

Steps

- □ パーパス・ブランディングを理解する
- □ 理念体系を見直す
- □ 誰を巻き込むかを決める
- □ パーパス策定ポイントを知る

Steps

- □ 推進チームを設置する
- □ 情報を収集する
- □ パーパス・ワークショップを実施する
- □ パーパスを言語化する
- □ パーパスを決定する
- □ パーパスの多言語化をする

CONTENTS

第１章

理解

パーパス・ブランディングとは

1―パーパス・ブランディングとは何か

「パーパス・ブランディング」は、拠り所となるパーパス（存在理由）を見つけ、究極的にはそれ一つでさまざまな判断をして、課題を解決していく、企業や組織の経営の根幹となるものです。

組織の理念としての「パーパス」は、「存在理由」や「存在意義」という意味合いを強く持ちます。現代社会において、サステナブルな長期成長を目指す上で、大企業はもちろん、中小企業でも、「何のために自分たちは存在するのか」を明確にすることは非常に大事です。

2021年に著書『パーパス・ブランディング～「何をやるか？」ではなく、「なぜやるか？」から考える』を出版して以来、ますます世間にパーパスが浸透し、今ではその概念をご存知の方は多いでしょう。「パーパスとは？」についての基本的な知識は、前書で詳しくご確認いただき、本書では実際にパーパスを策定し、パーパスが実現されている状態になるまで、どのような手順を踏めば良いのか、その実践方法について詳しくご紹介します。

パーパスとミッション・ビジョンとの違い

いままで、企業理念と言えば「ミッション」や「ビジョン」が一般的でしたが、ここ数年で、急激にパーパスを策定する企業が増えています。パーパスは、ミッション・ビジョン・バリューズとどう違うのでしょうか。私たちは、それぞれの意味をこのように定義しています。

・パーパス：組織がなぜ、何のために存在するのか
・ビジョン：組織が具現化したい「なりたい姿」、「成し遂げたい世界や未来」
・ミッション：パーパスとビジョンを実現するためにやらなければならないこと
・バリューズ：大切にしている価値観や信条

その中で、私たちがパーパスを強く推奨するのは、
①ミッションとビジョンは、未来指向である一方で、パーパスは現在進行形の感覚を有し、今この瞬間の存在理由について強く訴えている。
②ミッションとビジョンという言葉の持つ定義の曖昧さ（人によりミッションやビジョンの意味

の捉え方が異なる）に対し、パーパスは「なぜそれをやっているのか」という明確かつシンプルな本質に行き着く。

③ミッションとビジョンがビジネスパーソン向けの言葉であるのに対し、パーパスはそうではない一般人にも親しまれ、受け入れられている、いわばパーソナルな言葉である。

この3点を踏まえて、より人間性が求められている現代、そして、情報があふれ、先行き不確かな現在の世の中には、パーパスの考え方がフィットしていると考えているからです。

パーパスにはさまざまな形があり、一つのスタイルに縛られないのも特徴です。「ミッション・ビジョン・バリューズ」は、セットで語られることが多く見受けられますが、パーパスには、そのような体系を規定する考えはありません。その企業に合った形で柔軟に導入することが優先されるべきであり、理念体系の見直しの際に、パーパスに合わせてすべてを見直す場合もあれば、今ある体系に新たにパーパスを加える可能性もあるでしょう。あるいは、今ある理念が、その呼び名にかかわらず、存在理由を示しているのであれば、それが組織のパーパスと捉えることができます。実際に、すでに現在パーパス・ドリブン企業として知られる企業でも、その理念の呼び名は「ミッション」や「ビジョン」であるケースも多く存在します。例として、スターバックスでは、彼らの存在理由を表す理念を「ミッション」として、またユニクロを擁するファーストリテイリングでは「ステートメント」として掲げています。

パーパス・ブランディングの定義

パーパスには「ディスカバリー（パーパスの発見と定義）」と「ムーブメント（パーパスを行動に移す）」という2つの領域があります。「ディスカバリー」は文字通り、組織の存在理由「パーパス」を発見しそれを言語化して定義する行為。策定とも言います。

ところが、パーパスは定めて終わりではありません。それらに基づいて判断し行動できる組織になること、そして、最終的なゴールであるグレートな会社になるために、ムーブメントを回し続けなければなりません。

パーパス・ブランディングは、見た目、ビジュアルや体験だけで企業価値を高めようとする表層的なブランディングと違い、企業やブランドのマネジメントの仕方そのものを変えていくところから始まります。

今の時代、どの業種や業態もグローバル化が進み、企業は絶えず競争下にあります。一般消費者を含めたステークホルダー（利害関係者）に、「この会社を応援したい」「この商品を買いたい」と思ってもらえなければ生き残れません。長期的な視点でステークホルダーとかけがえのない関係を築き、「お客さまにファンになってもらう」ための努力を続けなければならないのです。その時に大きな役割を果たすのがブランディングですが、単に企業や商品の表面をきれいに見せたり、認知度を高めるだけに終始しないのが、パーパス・ブランディングです。

どのサービスも商品も同じような品質や機能を持っている現代の環境の中で、「お客さまにファンになってもらう」ためには、「ブランドイメージ」と「実際の体験」が必要です。そして、「ブランドとの良い経験価値」をお客さまに蓄積させていくためには、お客さまとのあらゆる接点において、統一感と一貫性を持って「経験価値」をデザインし続けることが重要となります。

それを実現するためには、まずブランドのパーパスを明確にし、コンセプトや戦略などすべての企業活動がそれを基点にしたものでなければなりません。

企業や組織の根幹であり、拠り所となるパーパス（存在理由）を見つけ、究極的にはそれ一つでさまざまな判断をして、課題を解決していくこと。

これが私たちの定めるパーパス・ブランディングの定義です。

「何のために自分たちは存在し、ビジネスを行うのか」を明確にすることは、つまり社会にどのようなポジティブなインパクトを与えるか、世界をどうよりよく変えられるかであり、それを基点にし、判断や解決をしていくことにより、最終的に企業価値を高めていくことにつながります。社会へのポジティブなインパクトというと、社会貢献＝寄付やボランティア活動、と捉えられがちなのですが、そうである必要はなく、事業をすることで社会の役に立つ何かがあるはずなのです。それが明確になっていれば、物事が順調に進んでいる時も、うまくいかない時も、自らを見つめる確かな〝拠り所〟になります。

パーパス・ブランディング　4つの効果

ではここで、パーパス・ブランディングの効果について、一つずつ見ていきましょう。

パーパス・ブランディングの効果1　チームの団結を高め、情熱的な人材が集まる

従業員の行動と判断の拠り所になるもの、それがパーパスです。パーパスを「組織内」で共

有することで実現できる効果の一つが、働く人を〝一体化〟すること。具体的には、結束力が高まるだけでなく、新規企画の立案、商品・サービス開発、販促活動、人事、投資など、あらゆる業務においてみんなが同じ方向に進めます。

プロジェクトの成否は、最終的にはチームメンバーの働きで決まります。パーパスが明確になっているプロジェクトは、参加メンバーにやりがいを与え、在籍している従業員のモチベーションを高めるだけではなく、社外を含む、多くの優れたメンバーを惹きつけることが可能になります。

パーパス・ブランディングの効果2　長期にわたり連続的に意思決定が一体化

明確なパーパスをプロジェクトチームで共有することで、リソースの配分、長期的な視点での計画づくり、成功の定義など、さまざまな局面での重要な意思決定を、一貫性を持ってブレずに行うことが可能になります。

また、「流行りだからやる」「今儲かりそうだからやる」といった目先の衝動も抑制されます。行動を起こそうと思った時、「本当にうちの会社にふさわしいのか」「長期的な視点で考えればどうなのか」とパーパスをもとに議論し、価値観を共有することで、つながりも強化できます。

全員が同じ方向を目指せる。パフォーマンスが向上する。モチベーションも上がる。パーパス・ブランディングは組織内に好循環をもたらします。

パーパス・ブランディングの効果3　組織外の人々を引きつけ、差別化する

今世の中にある商品やサービスに対して「似たようなものばかり」と感じている人は少なくないでしょう。選ばれるには、相手に「このブランドは特別だ」と思ってもらえる差別化要因が必要です。こうしたブランドイメージを構築する時に「何のためにうちの商品・サービスはあるのか」というパーパスがあれば、開発時も、販促活動を行う時も、お客さまに対するコミュニケーションがブレません。一貫したイメージは他社との差別化につながり、長期においてステークホルダーに好印象を与えられます。さらには、ロイヤリティの高い顧客を引きつけることも可能です。このブランドが何のためにあるのかを明確にし、それが誰のためなのかがわかることで、共感する人たちが顧客となり、ロイヤリティが高い人たちが、ブランドの信頼性を高めるエバンジェリストになってくれます。

パーパス・ブランディングの効果4　イノベーション強化

最も本質的なところを共に考えて進めることで、既存の考え方や業界の枠にとらわれず、常

に大所高所の視点から仕事を進めることができます。さらに新しいことや困難（に思えること）に果敢に取り組むプロジェクトにすることができます。

組織の大小にかかわらず実践を

パーパスの効果は、大企業に限るものではありません。例えば小さな飲食店でも「お客さまの心とお腹を満たすお店にする」という志を抱けば、それがパーパスの基点になります。ただ、それだけで十分とは言えず、そこに世の中のニーズを反映させることが必要です。年々高まる健康志向に着目して、「野菜を中心とした料理で健康的に」というニーズ要素を含めたパーパスを策定し、それを取り入れたストーリーなどを展開すれば、さまざまな点で具体性が高まり、メニュー開発や宣伝活動もよりスムーズに行えます。

また、小規模だった組織が急に成長したり、拡大するタイミングでも、パーパスは非常に重要になります。創業時は、代表の想いやパッションがパーパスそのものであったはずが、人や業務が増えていくにつれて、その気概が薄れてきたり、組織が違う方向に向いてしまったり、従業員それぞれの向く方向がバラバラになったりすることがよくあります。組織の存在理由がしっかりと明文化されていることで、既存の従業員も新たに参画する従業員も皆が、パーパスに共感した上で参加し、同じ方向を向いて業務を進めることができるようになります。さらには、永く続く企業でのトップ交代や、周年といった転換期のタイミングでのパーパス策定は、会社の求心力を上げるきっかけにもなります。

2　なぜ今パーパスなのか？

なぜこの数年で、よりいっそうパーパス・ブランディングが必要と叫ばれるようになってきたのでしょうか？

まずは従来の株主市場主義の崩壊という面から、21世紀に入ってからの流れを見てみましょう。

１９９4年に、米国のビジネスコンサルタントであるジム・コリンズが出版した『ビジョナリー・カンパニー～時代を超える生存の原則』。この本の中では持続していくであろう「ビジョナリー」な企業として、アメリカの18社の企業名が挙げられました。２０２4年には出版から30年を迎える今、本に登場するビジョナリー・カンパニーはいかに業績を残してきたかというと、実に半数近くの企業は「ビジョナリー」という当時の評価をもはや維持できていません。ソニー、ウォルト・ディズニー、フォードなど、いっとき業績が悪化しながら、返り咲きを遂げた企業もある一方で、メルクは２００8年に違法リベートが発覚し、さらに２０１7年には自社の薬が心臓発作のリスクを高める事実を隠蔽しました。モトローラは市場に追いつけず、スマートフォンの登場によって衰退、ボーイング社は安全よりも利益を優先し、2件の不運な事故を招く結果となりました。

これらのビジョナリーとされた企業には皆、失墜しやすい可能性を孕む共通項が一つありました。それは、これらの会社がすべて上場企業であるということです。彼らが衰退したのは、利益というものさしで成功を測っていたため、顧客やパートナーを利益優先で都合の良いように動かしていたからです。

上場企業は、株主の利益や短期成果の要求に直接的にさらされてきました。しかし、2008年のリーマンショックで、人々に資本主義に対する不信感が芽生えだした頃から、資本主義は新たな側面を迎えます。

2018年、世界最大の資産運用会社ブラックロックのCEOラリー・フィンクは、世界のトップ経営者に対して、企業にはより崇高なパーパスがなければならない、つまり社会に積極的に貢献することを求めるメッセージを発表しました。彼は「パーパスがなければ、どんな企業も、上場の有無は関係なく、その能力を十分に発揮することはできない」と述べました。

この決定的タイミングに合わせたかのように、米国で最も影響力のあるCEOの集まりであるビジネス・ラウンドテーブルが「企業というものが何のためにあるのか」を再定義しました。

それまでの「株主のためにあるもの」であるとされていた定義を覆して、企業やビジネスは、「株主だけでなく、顧客、従業員、サプライヤー、地域社会、環境というすべてのステークホルダーに価値を提供する」ようシフトしなければならないと宣言したのです。

これまでの株主市場主義が崩れる中、立ち上がってきた新しい資本主義の流れは、組織が自社のパーパスに忠実に経営をしていくことをより可能とします。それは、その組織が長期的に続いていく可能性が高くなるということでもあります。

日本の企業はもともと、存続年数が長いと言われます。日経ＢＰコンサルティング・周年事業ラボが２０２０年に行った調査「世界の長寿企業ランキング」によると、世界の企業の創業年数が１００年以上、２００年以上の企業数を国別に見ると、日本は世界1位でした。創業１００年以上の企業のうちの半数近くが日本の企業で、さらに創業２００年以上の企業では日本企業が65％に及ぶという結果でした。

なぜ日本企業が長く続くのでしょうか？ハーバード・ビジネス・スクールの竹内弘高教授は、このように言っています。

――日本企業こそ、サステナビリティ、つまり持続可能性の高さ（創業からの年数の長さ）はお家芸と言える。それがなぜなのかを研究すると、学べることが多々ある。すなわちMVV（ミッション、ビジョン、バリュー）だ。

（出典：ITLeaders記事 ハーバード大学院の竹内教授が斬る「デジタル時代の経営イノベーションのあり方」）

ここで竹内教授が述べるMVV（ミッション、ビジョン、バリュー※）の〝ミッション〟の定義は、「何のために存在するのか」。つまり私たちの言う「パーパス」と同意義としています。つまり、日本企業がかねてより「何のために存在するのか」の理念（パーパス）を大事にし、それに則った経営をしてきたからこそ、持続可能性を高めているのだという主張です。

※私たちは「バリューズ」と表現しています。

今こそ、日本の企業が率先して、永く続く組織としての手本を世界の企業に示すべき時です。志の高いパーパスを実践し、日本が昔から得意とする〝人や社会を重視〟した経営を行うこと。こうしたやり方がいかに企業の持続性を高めているのかを世界に向けて示していくことが、ここ数十年元気がなくなっている日本のこれからにとって、まさに必要な姿勢ではないでしょうか。

3 策定ブームという視点から見る、パーパスの必要性

日本におけるパーパス策定ブームの現状

日本では、2020年ごろから「パーパス」の考えが一気に広まり、ビジネス書やメディアの記事でも多く見られるようになりました。その前年あたりからパーパスを企業理念として新しく策定する企業がじわじわと増え始め、2020年、21年には一気にその数が増えてきました。

「パーパス」の重要性がよりいっそう増している中で、一体どのくらいの日本企業がパーパスを策定し、どのような文言を掲げているのか。私たちエスエムオーでは、東証プライム上場の全企業の企業理念を調査。その中から公式に「パーパス（もしくは英語でPurpose）」を掲げている企業を洗い出し、それらの全パーパス・ステートメントをリスト化しています。

その結果、東証プライム企業におけるパーパス策定済み企業は、次の図のような数字になり

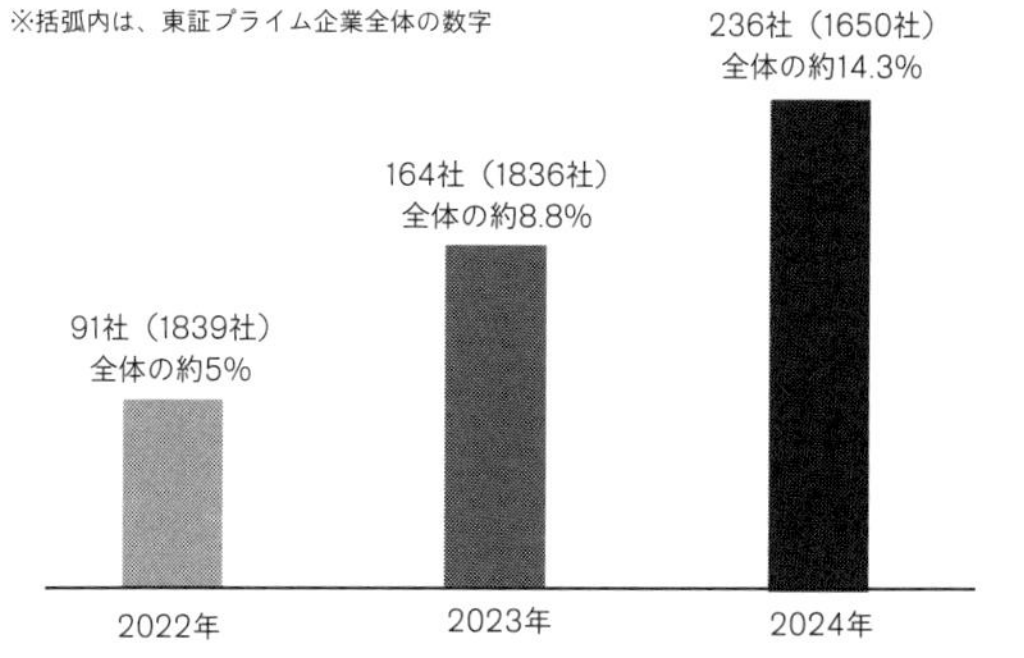

パーパス策定済み企業数　※SMO調べ

ました（詳細は、巻末の付録にて）。

この数字から、投資家はもちろんのこと、顧客や良い人材を惹きつけるためにも、パーパスが必要であること、もはやパーパスなしには組織は生き残れないということを、多くの企業が気づき始め実行に移していることが、明らかになっています。

なぜパーパスを制定するのか

ただし、日本企業によく見られるケースですが、「他がやっているから、うちもやらなければ」と、横並びで始めている側面があるのも事実です。さらに、策定に踏み切った理由として、「経営トップの交代」「中期経営計画や創業からの周年など節目のタイミング」「持続可能な社会への貢献性のアピール」などが挙げられることは、金沢星稜大学の野林晴彦教授の研究からも明らかになっています。

パーパス制定年を見ると、２０２０年から急激に増えていることがわかる。日本においてパーパスブームは２０１９年頃より始まっているため、そのブームの拡大とともに、企業も実際にパーパスを制定していると思われる。リスト掲載後の２０２２年6月以降現在に至るまで、パーパスを制定している企業はさらに増加しているのではないだろうか。

経営トップが就任後、就任年から2年以内にパーパスを制定公開している企業が多い。経営者が交代後、自身の考える企業の方向性を示すために新たな経営理念やビジョンを制定公開することはよく行われている。筆者が所属した企業でも、新経営者が就任して2年後に新たな経営理念を制定していた。パーパスも新たな経営トップの考えを示すものとして、就任後の比較的早いうちに制定公開されていることが考えられる。

中期経営計画や中長期ビジョン制定とともに、あるいは創業○周年といった節目の年にパーパスを制定している企業が多い。パーパスや経営理念のような大きな企業の方向性を示すものは適切なタイミングでの制定公開が必要なのであろう。

さらに制定理由として、ＳＤＧｓやＥＳＧ経営、サステナビリティなどを示している企業が多いことも確認された。パーパスはＳＤＧｓの世界的な潮流の追い風を受けて、より広まっていることが知られている。持続可能な社会への貢献という立場を強めるため、パーパスを新たに制定していることも考えられる。
（出典：野林晴彦「日本企業のパーパス制定の現状－経営理念との関係に着目して－」）

策定することになった理由やきっかけはなんであれ、パーパスの発見・策定・浸透のステップを踏むことで、パーパスドリブンな状態に向かって組織が変革していくための方向づけとなるのは確かです。その起爆剤としてパーパス策定ブームが一助を担っているのであれば、それは喜ばしいことであります。しかし、前回の著書でもお話しさせていただいているのですが、パーパスの浸透と実現は終わりのない活動です。その覚悟を決めて始めないといけないというのは、毎回私たちが皆さんにお伝えしている事実です。これからパーパス策定を始めようとしている皆さんには、この本を最後まで読んでいただき、覚悟を持って進めていただければと思います。

第２章

準備

パーパスを導入する前に

1 ― 理念体系の見直しとパーパスの取り入れ方

一つの企業の中でも、経営理念に関係する文言（要素）が数多く存在し、それぞれの定義、位置づけ、関係が混乱している状態になっていることがよくあります、また、組織内の各個人によって理解や解釈もバラバラな状態なことが多く、パーパスの制定は理念体系を見直すタイミングとして好機となります。

組織がパーパスを策定、または企業理念を改訂するにあたっては、まずその「フレームワーク（体系）」をどうするのか、ということが議論になるでしょう。その際に、理念体系を見直す必要が生じ、企業理念の主要素の再定義をし、パーパスを策定することがあります。

日本の老舗企業で多いのは、企業理念を変えられないというケース。中でも、創業時の精神・社是・社訓は変更しづらいという企業が多いように見受けられます。こちらは近年のパーパス策定済み企業のその構造・位置付けに関する研究からも、既存の経営理念に、新規に制定されたパーパスが追加・融合された「追加融合型」のパターンが圧倒的に多く見られることが、前述の野林晴彦教授の研究でわかっています。

そのため、パーパスを新たに策定する際に、議論すべきことは

・社是などの既存理念を残すのか
・既存理念を残すのであれば、どういう構造にするのか
・既存理念を残すのであれば、そこにどうパーパスを据えるのか
・パーパスとバリューズだけにするべきなのか
・パーパスを追加し、パーパス、ミッション、ビジョン、バリューズ（PMVV）とするのか

など、既存の理念との関係性と構造を見直すことです。

企業理念については、以下のような数多くの用語が存在し、それぞれの組織で異なる意味を持っています。

・パーパス
・ミッション
・ビジョン
・バリューズ

・価値観
・使命
・信念
・理念
・ウェイ
・創業の精神
・フィロソフィー

右に掲げたようなあらゆる理念は、次の要素を備えています。

・なぜその会社は存在するのか？
・どのような社会／世界／未来をつくりたいのか？
・どのような組織になりたいのか？
・それらを実現するために、実際に何をするのか？
・大切な考え方や行動原則は何か？
・どのように行動し、立ち振る舞えばよいか？

・築いてきた歴史や伝統の中で、重要な考え方は何か？

組織はこれらの要素をすべて持っているかもしれないし、そうでないかもしれません。どの要素を理念に取り入れるべきか、残すべきか、残さないべきかは、企業の成長段階や環境、状況などによって異なります。

理念の改定の際には、構造やフレームワークを決めることよりもまず、組織が必要とする理念の要素を理解することが先で、その上でフレームワークのあり方を決定していくことが必要です。取り入れるべき要素が決まったら、次にこれらの要素にどのような名前をつけるかを決める作業に進みます。

そして、理念のフレームワークに必ず必要な「ＷＨＹ」こそが、私たちが「パーパス」と呼んでいる要素になります。

「ＷＨＹ」をミッションと名付ける企業もあれば、パーパスと名付ける企業もありますが、重要なのはこれらの要素をどう呼ぶかよりも、まずどんな要素が必要かを理解することなのです。

では、「ＷＨＹ」の概念はどうしてそれほど重要視されるのでしょうか？

2歳から5歳位の子どもが、〝なぜ？どうして？〟と尋ねるようになるのは、私たちは生まれもって好奇心が旺盛であるからで、なぜなのかを知りたいというのは自然な欲求であり、人間の基本的特性です。

企業が経営に用いていた旧式のオペレーティング・システムであるミッション・ビジョンは、定義が曖昧で、意味が人によって異なる可能性があるという問題を孕んでいる点はすでにお話しました。そこには、「WHY」を表す具体的で明確な項目がないからです。「なぜ」を知りたい人間の基本的欲求とのミスマッチとも言えます。

パーパスの意味と定義は、ミッションやビジョンよりもはるかに明確で、それは目的であると同時に「WHY」、つまり何かが存在する理由でもあると定義され、その意味は狭く具体的です。パーパスが今求められているのは、人間の基本欲求に対応した回答であり、企業が存在する理由をシンプルかつ明確に表現できるからに他なりません。

理念体系をパーパスに取り入れる

パーパスを策定するにあたって、すでに理念体系が存在する場合、理念体系はどう変えたら良いのか、スタートアップでなく、創業からしばらく経っている企業であれば、おそらくすでに理念体系が存在しているでしょう。今回は、すでに組織にパーパスを含まない理念体系があり、その理念体系にパーパスを取り入れたいというケースについて見てみましょう。

理念の家

理念体系を家に例えてみましょう。家の中にはミッション、ビジョン、バリューズなどの理念要素があります。

家をリフォームするように、理念体系をアップデートする方法もいろいろあります。それぞれを検証してみましょう。

既存の理念体系を変えるのかどうか

最初に考えるべきことは、すでにある理念体系を変えるべきかどうかです。すでにある理念体系を変えたくない（が、パーパスを取り入れたい）というケースを２つ考えてみましょう。

1. 家は最近建てられたものであるか、もしくは最近手が加えられており、住民（組織やステークホルダー）は理念に手を加えず、そのままにしておきたいと思っている。
2. 家はかなり昔に建てられ、歴史を象徴するものであり、しかもきちんと機能している。住民たちは家に愛着を持ち、リスペクトしている。

あなたの組織がこれらのどちらかのケースに当てはまる場合、すでにある理念体系は変えられないので、どうやってパーパスを取り入れるべきなのか?と悩むかもしれません。

こうしたケースでは、パーパスは、家とは別に策定することが重要です。家の庭に新しい建物を造るイメージです。パーパスは家に付随するものとして加えられ、家とパーパスは同じ土地で共存します。

実際によくあるのは、パーパスをスローガンとして、既成の理念体系に追加する形です。この方法であれば、既成の理念体系を守りつつ、パーパスを新しく組み込むことができます。

ただし、パーパスをスローガンとして扱う時、ただ響きの良いフレーズをつくってしまいがちなので注意しなくてはなりません。スローガンはいい響きでキャッチーであることと同時に、パーパスとしての役割を担わなければならないのです。パーパスの文言は、常に「なぜこの会社が存在するのか」という重要な質問に対する答えでなければなりません。

既存の理念体系を変える場合

では、既存の理念体系を変えていくシナリオについて考えましょう。

ここでは、重要なポイントが2つあります。

1. 家の骨組みはそのままにして、中をリフォームするだけなのか、それとも家を丸ごと建て替えるのか？

2. 工事の作業量の度合い。少しだけ改修するのか、それとも大きく改造するのか？

上記のポイントから、2×2の4つの理念体系変更のマトリックスをつくることができます。つまりそれらは、理念体系を変更する場合の、4つのオプションです。

オプション1：家の骨組みを残し、ミニマムの作業を行う

このオプションにおいては、家の骨組みをそのままにし、最低限の工事でパーパスを組み入れることができます。つまり、既存の理念体系の形と、中にある要素をできるだけ維持し、違

和感が生じないようにパーパスを入れることです。
弊社が実際お手伝いしたあるクライアントでは、すでにビジョン、ミッション、バリューズの3つで構成されたブランドプラットフォームを持っており、三角の図で体系が整理されていました。そこで後から設定したパーパスを、その三角の中心に置くことにしました。

オプション2：家の骨組みを残し、大規模改修を行う

このオプションは、上記と同様に骨組みは崩しません。しかし、中身や重要な要素を大きく改編していきます。家でいえば、外壁はそのままに、部屋の壁をぶち抜いたり、部屋のリモデルをすることにあたります。

例えば、あなたの組織にこのような4層の理念ピラミッドがあるとしましょう。

・ミッション
・ビジョン
・バリューズ（複数存在）
・行動指針（複数存在）

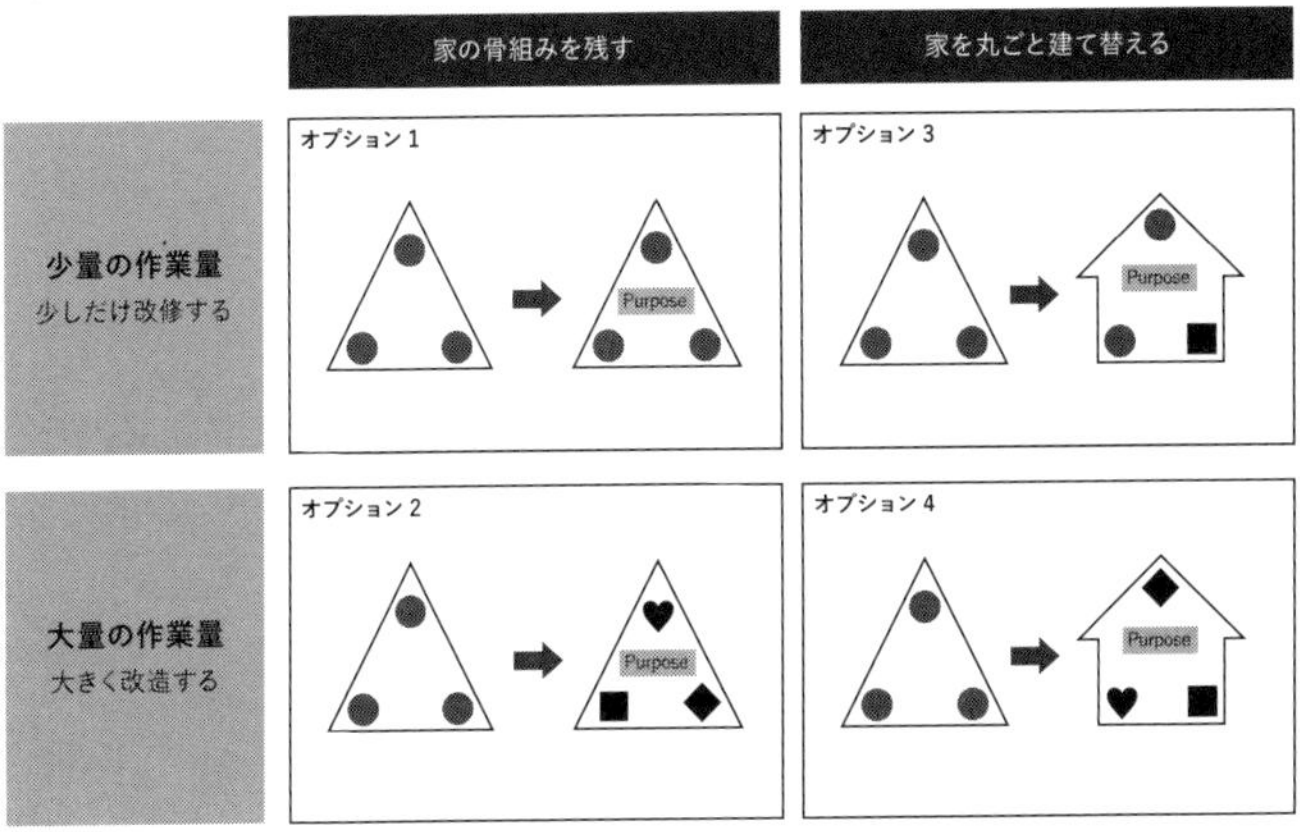

それぞれの層を調査した結果は、ビジョンの言葉遣いが古く、またバリューズと行動指針を合わせて10を超える項目があるため、従業員はすべてを覚えるのが大変だということがわかりました。そこでパーパスをつくるにあたって、ビジョンと行動指針もアップデートし、このようなピラミッドをつくります。

・パーパス
・ミッション
・新しいビジョン
・ウェイ（5項目）

ピラミッドの形はそのままですが、中にある要素はリフォームされました。

オプション3：家は建て替えるが、以前の要素を残す

このオプションでは、家の建て直しはするものの、既存の理念体系にあるまだ活かせるものを捨てずに使う手です。つまり、骨組みを変えるが、中身の一部は以前の要素で構成されるということです。

例えば、創業の精神などの大事な部分はそのままにして、ミッションの中にある重要な要素を、パーパスとして策定し直します。最後にバリューズのセットを足します。出来上がった家の見かけは新しいながらも、要素は以前の大事な部分を踏襲しています。

オプション4：家を丸ごと完全に建て替える

このオプションでは、今あるものすべてを捨てて、完全に新しい理念体系をつくります。言わば、完全な建て直しです。緊急事態の場合によく見かける選択肢です。

会社が大きな転換や、方向転換のための刺激が必要な際によい選択肢です。ただし最も極端な手段とし、チェンジ・マネジメントを要するため、慎重に進めなければなりません。

この例を象徴するのは、米国ウーバーの事例です。２０１７年、パワハラの告発や不健全な企業文化により、同社ではＣＥＯが辞職させられました。企業文化を再構築するために、新ＣＥＯのダラ・コスロシャヒ氏が理念を完全に刷新し、新しいミッションと新しいバリューズを制定しました。

理念が浸透しやすいかどうかという視点の重要性

既存の理念体系をアップデートする方法は前述のように数通りありますが、すべてのオプションにおいて、組織は理念を浸透させる必要があるということを忘れてはいけません。理念体系が複雑だと、理念はなかなか理解できず、覚えてもらえません。

ビジネスを取り巻く環境は今まで以上に情報過多で複雑になっています。大抵の場合、理念体系はシンプルにした方がよいでしょう。シンプルさが浸透のしやすさにつながるからです。

なぜ組織が存在するのか

繰り返しになりますが、パーパスの役割は「なぜ我々は存在するのか」に対する答えです。理念体系をアップデートし、構造とその内容を考える上で、パーパスを足すかどうかは焦点ではありません。会社がなぜ存在するのかを、明確かつ十分に表しているかどうかが重要です。それこそがすべてのステークホルダーに「なぜ」（ＷＨＹ）を伝えるのに役立ちます。

参考：理念体系の簡素化をしないほうが良いケース

理念体系はシンプルであればあるほど良いと説明しましたが、例外は無論あります。参考までに、シンプルでない方がいいケースを２つ紹介します。

1：エンジニアがたくさん集まるような会社は、複雑な体系を理解することにやりがいを感じるかもしれません。さまざまな理念的要素が図上でつながることにワクワクするかもしれません。

2：出版社では、長い文章を好む文化があるかもしれません。従業員たちは長くても、美しい、説明的な理念の方に共感するかもしれません。

常に文化を意識し、理念体系をアップデートするのがポイントです。

2 社内外の巻き込み――準備段階から浸透は始まっている

社内の誰を巻き込んでいくか？

２０２３年、私たちエスエムオーは日本経済社と共同で、企業のパーパス策定関与者４００名に対して調査を実施し、パーパス策定における課題やポイントを明らかにしました。この調査結果の中で、パーパスを策定する際に、中心メンバーとして関わった人数については、３００人以上１０００人未満の企業においては、10～１００名の規模だったという回答が約7割となりました。つまり、トップの数名のみで決めたのではなく、従業員も含めた「巻き込み型」が多数を占めるということになります。

パーパスを策定する際に、なぜ従業員などを巻き込むことが重要なのでしょうか？

おそらくどの組織でも策定にあたっては、将来的にはパーパスが全社に浸透し、それを基点にした行動が定着している状態をつくり出すことを目標として、策定に着手していることでしょう。パーパスの浸透活動は、策定した後に始まると思われがちですが、実は、パーパス策定の時点で、すでに浸透活動が始まっています。そのため、策定の過程で多くのメンバーを巻き込むことが重要となります。

パーパスが全社に浸透する状態が前提の場合、策定プロセスにすべての部門の代表メンバーが参加すれば、視点として抜け漏れがなく、どこかの部門だけでしか成り立たないようなパーパスになることを防げます。さらに、本格的な浸透フェーズになった時に従業員にパーパスを伝えることがスムーズになります。このように、各部門が関わっていることで、部員がパーパスを受け入れやすくなり、納得度も高まるでしょう。

巻き込みの規模については、すべての部門から代表メンバーを出すのは組織の「横の幅」の視点ですが、一方で組織の「縦の深さ」の視点もあります。つまり、経営陣のみでパーパス策定をするのか、幹部（リーダー層）までを含むのか、または全社を巻き込んで策定するのかという視点です。組織の中でどこまでを巻き込むかを決める際の大きなポイントは、その組織に、変化を受け入れやすい状況と文化があるかどうかにあります。

ここでは、米国スターバックスの事例を紹介します。かつてスターバックスは、新しいパーパス（彼らの呼ぶ「ミッション」）を策定する際に、全社ではなく、経営陣のみを巻き込んだ方法を採用しました。その当時（２００８年）、会社は危機に陥っており、前社長のハワード・シュルツがスターバックスに戻ってきたという状況下で、従業員は新たな方向性を求めていたのです。そこで、あえて全社ではなく、経営陣のみを巻き込んだ方法を採用しました。これは、同社が変化を受け入れやすい状態にあったからできたことです。

一方で、組織が変化に対して抵抗がある場合（例えば既存の理念体系に思い入れが強いなど）、または組織の規模が大きく、変化の適応スピードが遅い場合などは、全社を巻き込むのは有効な方法です。

全社にわたっての巻き込みにおける施策の例としては、以下のようなものがあります。

・従業員にインタビューする
・ワークショップを通じて、従業員ヒアリングをする
・サーベイを使い、従業員のアイデアとパーパスへのフィードバックを募る
・パーパス策定の状況や過程を従業員に公開する

このような施策を講じることで、従業員自身がパーパス策定に関わったと感じ、パーパスについても考えるきっかけとなり、より納得し、最終的に浸透につながっていきます。

3 調査からわかる、パーパス策定企業の導入経緯と成功ポイント

前述の日経社との共同調査について詳しく見ていきましょう。

なぜパーパス策定をするに至ったか?という調査に対し、策定きっかけの上位は「組織風土改革のため（26・5%）」「SDGsへの取り組み強化として（24・5%）」「人事採用への効果に期待（21・5%）」と続きます。組織風土や人事への好影響など社内的な要因と同じくらい、SDGsの対策強化に期待するという回答も多く見られました。

パーパス策定に中心的に関わった「人数」についての調査では、30名以上参加（45・1%）がほぼ半数となり、中には100名以上参加（7・3%）、全社員参加（3%）と答えた会社もありました。パーパス策定の定石は、従業員巻き込み型です。ただし前章でお話ししたように、場合によっては経営層だけで進めることが効果的なケースもあります。状況をよく検討しながら、巻き込み規模もそれに合わせて決めていくべきでしょう。

Q あなたの会社が、パーパスを策定されたきっかけは何ですか。（複数回答）

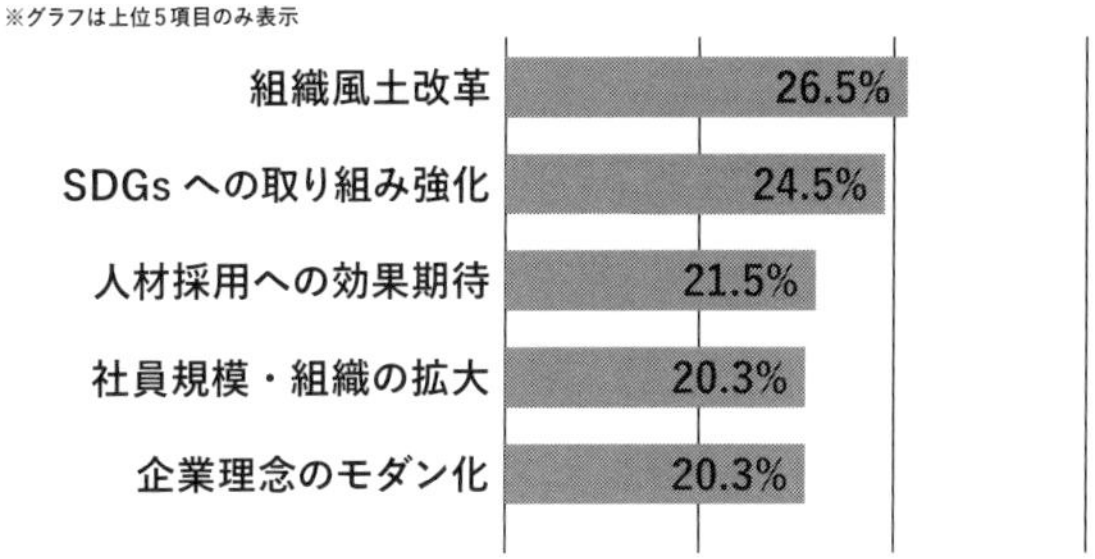

Q パーパス策定に際して、中心的に関わった人数を教えてください。

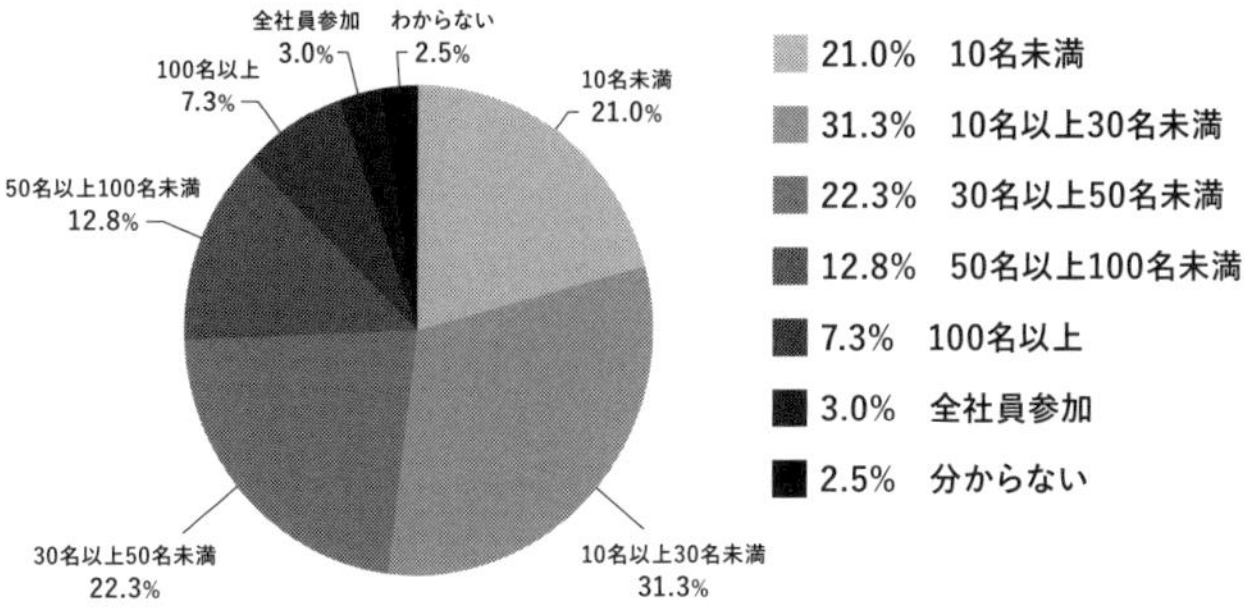

Q パーパス策定に際して、かかった時間を教えてください。

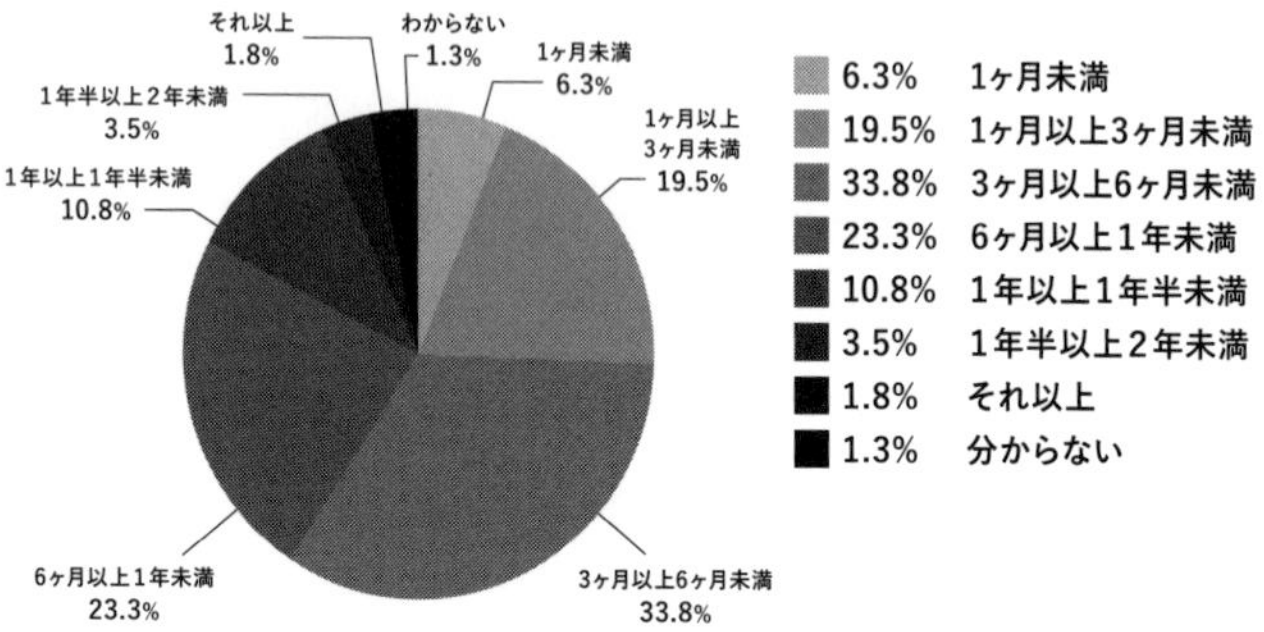

パーパス策定に費やした資源「時間」については、少なくとも3〜6ヶ月間（33・8％）、それ以上（39・4％）が多く見られました。中には、1年以上も（16・1％）かけて行った企業もあります。当然ながら従業員規模が多いほど時間はかかります。パーパスは、短期間で策定すればよいというようなものではありません。策定にはしっかりと時間をかけて進めていくことをお勧めします。

パーパス策定の際に、コンサルティング会社や広告会社、調査会社などの外部の協力会社を活用したか、については、半数以上（57・2％）の企業は、外部の協力会社を活用して策定したと答えました。一方で、自社で行った（42・8％）

Q　パーパスを策定して実感できた効果はありますか。（複数回答）

※グラフは上位10項目のみ表示

策定効果	全体		外部活用：調査会社に依頼した	外部活用：広告会社に依頼した	外部活用：コンサルティング会社に依頼した	策定期間：1年以上1年半未満	関与人数：50名以上～100名未満
社員間での一体感が高まった	24.5	⇔	25.8	26.1	28.4	27.9	21.6
社会貢献意識が高まった	23.8	⇔	23.2	25.0	32.8	34.9	23.5
自律的に動く社員が増加した	19.8	⇔	22.6	23.9	22.4	20.9	19.6
企業の認知が高まった	19.3	⇔	24.5	30.4	28.4	30.2	25.5
社員エンゲージメントが高まった	19.0	⇔	16.1	21.7	32.8	27.9	17.6
仕事のスピードが上がった	17.0	⇔	20.0	19.6	20.9	20.9	21.6
新しい商品の事業の開発につながった	15.5	⇔	18.7	23.9	25.4	20.9	25.5
イノベーションが起きやすくなった	15.3	⇔	18.1	26.1	22.4	30.2	29.4
消費者に好評だった	15.3	⇔	18.7	19.6	16.4	25.6	23.5
ステークホルダーからの反響が高まった	15.0	⇔	18.1	21.7	17.9	18.6	25.5

も半数に近い数字となりました。依頼先の内訳としては、「調査会社へ依頼（38・8％）」「広告会社へ依頼（23・0％）」「コンサルティング会社へ依頼（16・8％）」となっています。

パーパス策定の効果について

　パーパスを策定したことによる効果については、「社員間での一体感が高まった（24・5％）」「社会貢献意識が高まった（23・8％）」「自律的に動く社員が増加した（19・8％）」「企業の認知が高まった」（19・3％）「社員エンゲージメントが高まった（19・0％）」の順で高い数字の回答が得られました。また、外部活用先によって効果も異なることがわかりました。コンサル会社を活用の場合、多くの項目で効果は向上し、特に「社員エンゲージメント」「社会貢献意識」などで効果の高まりが大きくなっており、広告会社を活用の場合、「企業認知向上」「イノベーションが起きやすくなった」などで効果が高まっていました。さらに、策定時間や関与人数によっても効果は異なり、時間及び人数をかけた方が、効果が高まる結果となりました。

この調査を踏まえて、パーパス策定における成功へのポイントを挙げてみましょう。

①パーパス策定は、社内外をドライブするエンジンとなる。

「一体感の高まり」「自律的に動く従業員の増加」「従業員エンゲージメント」など多くの社内的な要素へ好影響を与える。さら外部要素では、「社会貢献意識の高まり」などもあり、ＳＤＧｓの取り組み強化のきっかけとする企業も多い。

②しっかり時間をかけて、巻き込み型で行うことが重要。

少なくとも3～6ヶ月、またはそれ以上の期間が必要。30～１００名以上や全従業員参加の企業もあり、失敗しないためにも、時間と人数をしっかりかけること、必要に応じて専門外部を活用しながら、効果的に計画することで、策定の効果も高まる。

4 ― パーパスは策定しただけでは意味がない

企業が「パーパス」を策定することは、その存在理由を明確にするために重要です。しかし、パーパスを単に策定して終わりにしてしまうのでは、絵に描いた餅となり、その真の価値を発揮することはありません。パーパスは企業の中にあるもの、みんなの中にあるものから発見されるべきものです。しかしながら策定しただけでは、それが実際の行動や成果に結びつくことはありません。パーパスが実際に意味を持ち、企業の活動に生かされるためには、それが組織内で浸透し、従業員一人ひとりがそれを理解し、自らの行動に反映させることが不可欠です。

パーパスがただの形だけのものになってしまうと、従業員やステークホルダーに対する信頼性が失われる可能性があります。これにより、企業のブランドイメージや社内のモチベーションにも悪影響を及ぼすことになります。

パーパスが絵に描いた餅とならないようにするためには、浸透活動が必要です。詳しくは、第4章、第5章で述べますが、例えば、パーパスの意味や背景、具体的な行動指針を理解してもらうために、説明会やワークショップ、トレーニングプログラムを実施し、従業員への徹底した教育と啓蒙を行います。また、日常業務への組み込みも重要です。パーパスを日常の業務プロセスに組み込むことで、従業員が実際の業務の中でパーパスを意識し、行動に移せるようにします。

その他にも、リーダーシップの示範として、経営陣やリーダーが自らパーパスに基づいた行動を示すことで、従業員に対してその重要性を伝えます。リーダーの行動が従業員の模範となり、組織全体に浸透します。

パーパスを実現し続ける企業であり続けるためには、パーパスの浸透活動を継続的に行う必要があります。パーパスが企業文化として根付くと同時に、常にその価値を実感し続けることができます。これは、企業が持続可能な成長を遂げ、社会に対しても大きな影響力を持ち続けるための鍵となります。

第3章

発見

パーパス・ディスカバリー

パーパス・ブランディングの最初の段階は、「発見　パーパス・ディスカバリー」です。ディスカバリーは文字通り、そのブランドや組織の存在理由「パーパス」を発見し、それを明文化して定義する行為です。パーパスは発見して終わりではありません。それらに基づいて判断し行動できる組織になることで、パーパスを実現し、結果として広く社会に、自社が望む組織像が確立されます。

まずは自社のパーパスを明確にすること、その上で、今後、ブレない軸＝パーパスをもって判断・行動し続けられるような組織づくりを考えていくことが必要です。

発見のステップ			
1 推進チームを設置する	2 情報を収集する	3 パーパス・ワークショップを実施する	4 パーパスを最終言語化する

1 ― プロジェクトを開始する

どのようにプロジェクトを推進するのかを決める

パーパスプロジェクトを実行することが決まったら、どのようにプロジェクトを推進するのか決めていきます。大きくはトップダウンで決めていくのか、ボトムアップで決めるのか、もしくはそのミックス型か、の3通りの方法があります。トップダウンで決める、とは、社長、会長だけ、もしくは役員クラスでパーパスを策定することです。ボトムアップで進めるのは、現場の従業員が中心となってパーパスの素案を紡ぎあげていくプロセスです。どちらの場合でも、ディスカッション形式とワークショップ形式の2つのアプローチがあります。

ディスカッション形式は、チームを組成し、ファシリテーター、コンサルタント、クリエイターなど、必要に応じた外部の専門家が参画して、パーパスの重要なテーマについてインタビューまたはディスカッションをしながら言語化を進めます。自分たちの考えをベースとしながらも、社外の視点を取り入れることで、より大局的で洗練されたアウトプットが生まれます。

ワークショップ形式は、ワーキンググループを組成し、パーパスの重要なテーマの明確化をワークショップで進めます。プロジェクト初期の段階から、社内浸透を意識しながら、多くの従業員を巻き込んで実施します。それによって、その後の理解度や共感度が高まるだけではなく、組織全体のモチベーションアップにもつながります。本書では、こうしたワークショップ形式をメインとしたパーパス策定の解説をしていきます。

最終的に決定するのはリーダーである社長ですが、結論に至るまでのプロセスはさまざまです。私たちは、トップダウン、ボトムアップの良いところを取ったミックス型を推奨しています。

推進チームとワーキンググループの組成

パーパス策定のプロセスが決まったら、推進チームを組成します。この推進チームを中心に、プロジェクト全体のマネジメントを行い、ワークショップに参加するワーキンググループのメンバーを選定・組成していきます。場合によっては、推進チームのメンバーがワークショップにも参加し、ワーキンググループのメンバーと一体となって、パーパスの明確化、そしてそれを具現化する実行プランへの落とし込みを行います。実行力のある推進チームと前向きに参加するワーキンググループメンバーが揃っていることが、説得力のある良いパーパス※を見つけ出すための、つまりはパーパス策定プロジェクトを成功を導く基盤となります。

※良いパーパスとは何かについては、P.91で詳しく解説しています。

適切な人材の条件

ここで、プロジェクトを進める推進チーム、およびワーキンググループを結成するにあたっての適切な人材を考えてみましょう。次のような要素を考慮すると効果的です。

1　プロジェクトをリードできること：プロジェクトをスムーズに進行するためには、迅速に意思決定できる立場にあるメンバーが必要です。こうしたメンバーは必要なリストやサポートを素早く確保する力があります。

2　影響力があること：公式な役職は持っていなくても、組織内で信頼され、影響力を持つメンバーも大切です。彼らの信頼性はプロジェクトの推進力となります。

年代についても幅広い層からメンバーを募ることが有効です。特に次世代リーダーとなっていくであろう人材に参加してもらうことで、未来に向けた前向きな議論が可能になります。また、組織の異なる部門からメンバーを集めることで、全社的な視点でパーパスを策定・浸透させることが可能になります。適切なメンバーはパーパス策定と浸透、それぞれのフェーズで異なるので注意しましょう。策定のタイミングでは広くさまざまな部署、年代など異なる属性の人で構成するのが望ましいです。浸透の際には関係する部署のプロフェッショナルを集めることが重要です。これは、浸透施策を実行するにあたりリアルな現場感覚や知識が必要であるからです。

プロジェクト参加への心がまえ

1　前向きであること

プロジェクトに対してポジティブな姿勢を持つメンバーは、チーム全体のやる気を高め、困難な状況でも解決策を見つける力になります。

2　信頼できること

信頼関係がしっかりしているメンバーは、問題や課題が発生した時に、お互いに協力して迅速に対応できます。これにより、プロジェクトの進行がスムーズになります。

3　オープンマインドなこと

先入観や偏見を持たず、社内や他のメンバーを受け入れることができると、建設的な意見交換が可能になります。

このようなメンバーを選定することで、パーパスプロジェクトを効果的に推進し、組織全体でのパーパスの浸透と実現を促進することができます。

2 — 情報を収集する

パーパスを明確にするためには、まずは入念な情報収集から始まります。私たちはこれを「インプット」のフェーズと呼んでいます。インプットのソースについては、次の重要な視点を持って行う必要があります。

(1) 内部と外部の視点
(2) 過去、現在、未来の視点

インプットする必要がある情報とは、具体的には、

・事業のブリーフィング
・自社についての資料の収集と読み込み──現行の企業理念について資料、社史、会社につい

	内部		外部		
	創業者や経営層	従業員	顧客・取引先・株主	有識者	同業他社
過去					
現在					
未来					

情報源を洗い出すための表

・内部視点での情報探索――創業者、創業の経緯を知る人、現在の経営者&経営層へのマネジメント・インタビュー
・従業員に向けたヒアリングやアンケート
・外部視点での情報探索――クライアント、付き合いの深い企業、同業他社、業界内有識者、顧客、株主
などがあります。

ての基本情報（組織図や社内報）、中期経営計画など今現在会社が考えていることがわかる資料、ブランドについて表現の参考になる資料

そして、それぞれの対象者に、過去・現在・未来の視点からの意見を出してもらうのです。

未来の視点については、近い未来に、企業を取り巻く環境はどう変わるかを把握することはもちろん重要ですが、遠い未来のビジネス環境を想像していくことで、パーパスに重要なヒントを得られることもあります。そのため、5～10年スパンでの近い未来を飛び越えた、20年、30年先の未来での視点を出してもらうことも推奨しています。

次にインタビューの手順と内容を具体的にご紹介しましょう。

1　マネジメント・インタビュー

まずは、組織のトップ層、会長、社長はもちろん、プロジェクトを進める上で重要な鍵となるマネジメント層に、会社への想いや将来のイメージ、経営の大方針についての考え・意見をについてインタビューを実行します。自社の会社全体の文化や風土、そして期待、進む方向を把握し、パーパスを検討する上での示唆とするために個別に聞き取りを行います。なお、インタビューでは、より本音で話してもらうために、社内の人間でない協力会社（コンサルや調査会社など）がインタビューし、そのあとのアウトプット整理まで、匿名性を担保できる状態で行われる場合もあれば、社内プロジェクトメンバーや推進チームの方が同席するケースもあります。社内であってもなかなか上層部の人の話を直接聞いたり、質問できる機会が少ない場合には、社内の人間が入ることでそうした機会をつくり出せるというメリットもあります。

インタビューの質問例

1　創業から現在までについて

・社風、企業ＤＮＡについて

2　現在の自社について
・どのような会社の特長や強みをもった企業か
・現状の自社の課題について

3　今後について
・今後、社として克服したい、あるいはチャレンジしなければならないこと
・これからの自社について
・今後目指したい自社の夢の姿について
・10年後、30年後の自社への期待

4　本プロジェクトについての考え

2　従業員ヒアリング

従業員が一堂に集まって行うワークショップ型のグループヒアリング。声を集めるだけでなく、ワークショップを通して従業員同士の交流が深まるというメリットがあります。より円滑なコミュニケーションを図るため、対面形式を推奨していますが、オンラインで実施することもあります。また、組織の規模や形態によっては、代わりにアンケート形式で行うこともあります。

ヒアリング質問例

・自社はどのような会社ですか？
・友達や家族にどのように自社を説明しますか？
・事業、組織、職場、人などについての特徴、雰囲気、強みは？
・今仕事にどんな楽しみや情熱をもっていますか？
・この仕事を通じて成し遂げたいこと、社会に貢献したいことは？
・10年後の自社にはどのようになっていてほしいですか？
・組織の強みや情熱、組織に求められている社内、社外関係者からのニーズや期待は？

3　ステークホルダー・インタビュー

今自社は外部視点からはどのように見えているのか、何を強みとしているのか。今後何ができそうかなど資産や期待について、内側にいると気づかないような視点からの意見を、外部のステークホルダーに個別で聞き取りを行います。これからの社会が自社に求める価値は何か、どのような強みを伸ばしていくべきかなど、今後を考える上での客観的意見を集めます。こちらについても、ネガティブな内容や批判なども含めて率直な意見を引き出すために、社内の人間よりも、協力会社（コンサル、調査会社など）によって行うケースもあれば、よく知ってる担当者が行うことで、ざっくばらんに話してもらうケースもあります。
※対象者：顧客、関係会社、取引先、アナリスト、アルムナイ（元従業員）など

4　有識者インタビュー

業界内での自社のポジションや、他社との比較上の事業の特色、課題、期待などについて外部視点で知るために、有識者からもインタビューをします。これからの社会が自社に求める価値は何か、どのような強みを伸ばしていくべきか、など今後を考える上での客観的意見を集めます。

5　他企業

必要に応じて競合企業、ベンチマーク企業など、直接の競合企業の戦略のみならず、今後の将来性を加味した潜在的な競合企業や、提携・協力先としての事業者等、広い概念で競合を捉えて、インタビューを実施し、多角的に分析、プロジェクトの参考としていきます。

3―パーパス・ワークショップ

パーパスの発見と定義を、ワークショップによって行う際の概要を説明します。私たちは、大きく分けて5つのワークごとにパーパスの構成要素（強み、情熱、ニーズ）の観点からパーパスを発見します。インプットフェーズで得られた情報、つまり社内の声だけではなく、有識者、ステークホルダーなどからの声をメンバーにも共有した上で、ワーク1～5にわたってその情報も活用していきます。

ワーク1では、プロジェクトの趣旨や意義、流れ、またはパーパスという概念の重要性などを参考事例として使いながら説明します。また、それまでのリサーチで集めた情報を整理し、振り返り、重要なポイントを再確認します。

ワーク2では強みを分析。ワーク1の内容を踏まえ、自分たちの強みは何か、さまざまなディスカッションを通して分析します。

ワーク3では情熱を分析します。自社の歴史やDNAを振り返り、また自分たちは一体何に情熱を燃やしてこの仕事をしているのかを考えます。

パーパスワークショップの流れ

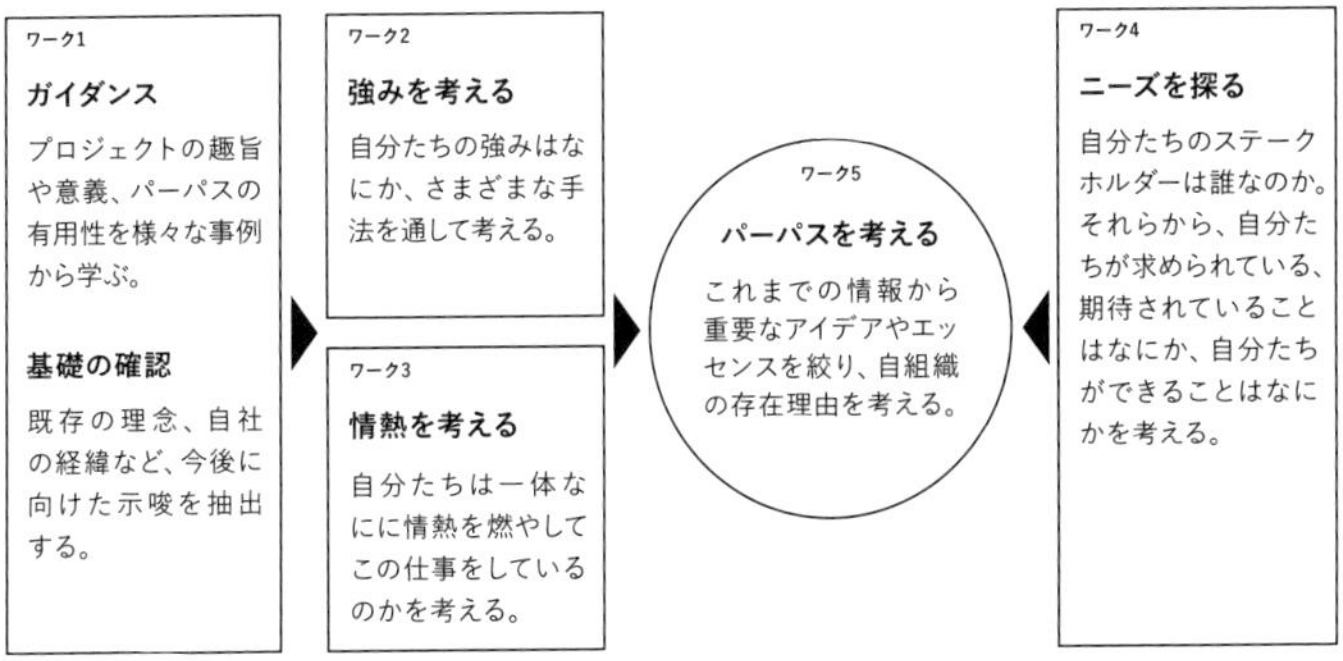
ワーク1
ガイダンス
プロジェクトの趣旨や意義、パーパスの有用性を様々な事例から学ぶ。
基礎の確認
既存の理念、自社の経緯など、今後に向けた示唆を抽出する。
ワーク2
強みを考える
自分たちの強みはなにか、さまざまな手法を通して考える。
ワーク3
情熱を考える
自分たちは一体なにに情熱を燃やしてこの仕事をしているのかを考える。
ワーク5
パーパスを考える
これまでの情報から重要なアイデアやエッセンスを絞り、自組織の存在理由を考える。
ワーク4
ニーズを探る
自分たちのステークホルダーは誰なのか。それらから、自分たちが求められている、期待されていることはなにか、自分たちができることはなにかを考える。

ワーク4はニーズを分析。世の中から求められているニーズは何か、そしてニーズに対して自分たちができることは何かを考えます。ニーズには短期的／長期的、顕在的／潜在的といった、多角的な視点を通じて深掘りします。

そして、ワーク5ではこれまでのワークから重要なエッセンスを絞り、自社の存在理由を考え、わかりやすい言葉として言語化します。

この際に論理的に考えることも大事ですが、非論理的に考えることも必要です。自社らしさ、自社のカルチャーやトーン＆マナーも同時に探るワークショップを行うこともあります。

これらのワークショップの手順の詳細を説明します。

4 ― パーパス・ワークショップの内容

パーパスを発見するフレームワーク

それでは、順を追って、パーパスを発見するプロセスについて、具体的にご紹介します。

私たちが考えるパーパスは、3つの構成要素で成り立っています。

(1) 自社の強み
(2) 自社の情熱
(3) 世の中からのニーズ

社内の(1)強みと(2)情熱、そして世の中からの(3)

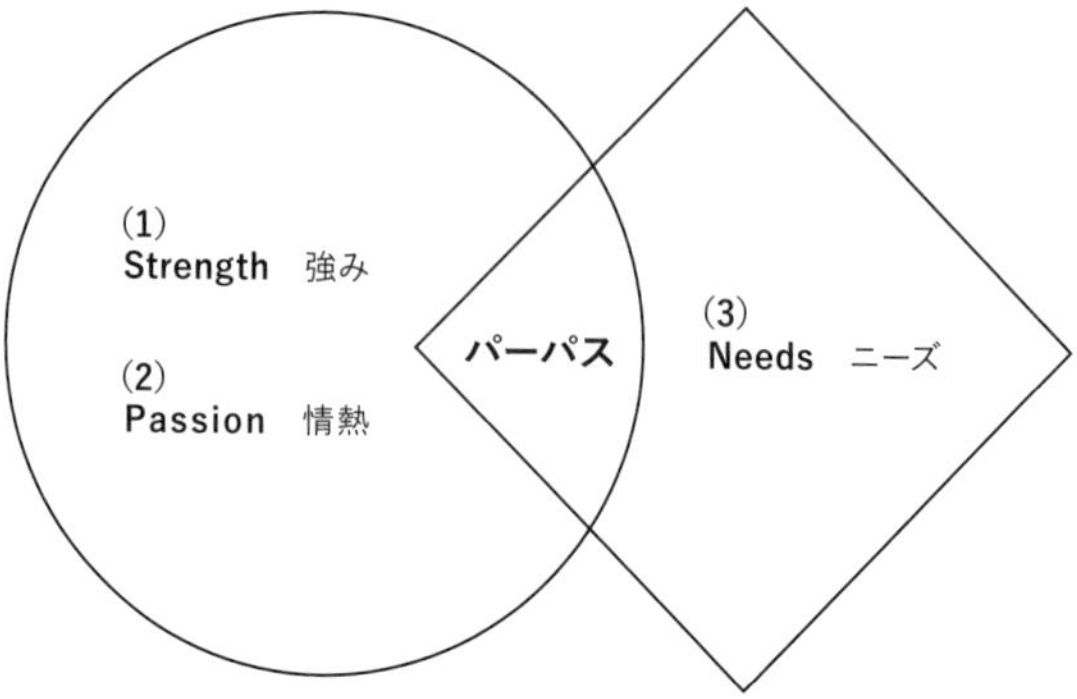

パーパスの構成要素

ニーズ、これら3つが交わるところに、自社の存在理由があります。この部分を深掘りし、探り当て言語化したものが「パーパス」です。そのため、強み、情熱、ニーズのそれぞれを探っていく作業が必要となります。

パーパス発見のワークの順番

まず行うのは、自社の「強み」の要素を抽出するワークショップです。そして、その後に自社の情熱、さらにその後で顧客ニーズの順序でワークショップ開催を進めます。

この順番には理由があります。まず強みから行っているのは、「自分が働いている会社やブランドについて話す」ということが、これらの中で一番容易に始めやすいからです。また、もう一つの理由として、「情熱」は抽象的な要素が多いのに対し、「強み」はより具体的なものだからです。参加者それぞれの思考やブレインストーミングのエンジンをまず強みのワークショップで駆動させてから、その後の情熱のワークショップに向けて、より加速させていくことが可能です。

P.74の図「パーパスの構成要素」左側の「強み」と「情熱」について、自社そのものから湧き起こる要素を見つけるワークショップが済んだら、次は右サイド、つまり世の中からのニーズの要素抽出のワークショップを行います。自社のこと（強み・情熱）を深掘りしたあとに、世の中のこと（ニーズ）を進めているのにも理由があります。それはニーズ側（例：顧客から必要とされていることは何か？など）から始めてしまうと、市場主導の観点から思考を組み立ててしまう可能性があるからです。また、自社のことを深掘りするところから始めることで、「パーパスは内面から生まれる」という考え方にも合致し、企業やブランドそのものから始めることに意味を持たせています。

これらの3つの要素、「強み」「情熱」「ニーズ」を洗い出したら、次は、それらの要素に漏れがないかどうかを確認し、ブラッシュアップします。「強み」と「情熱」をレビューし、それと関連する、洗い出されていない「ニーズ」はあるのか？また、世の中からの「ニーズ」もレビューし、出した「ニーズ」に対して活かせる「強み」や、関連する情熱はまだないかどうかを確認します。このステップを終えると「強み」「情熱」「ニーズ」の要素リストが一旦完成となります。

では、これらのワークショップの手順を一つひとつ、詳しく見ていきましょう。主に以下のようなステップごとにワークショップを開催します。

ワーク1　ガイダンス

ワーク1では、主にプロジェクトのガイダンスを行います。パーパスとは何かという基本的な説明から、自社におけるパーパス・プロジェクトの趣旨や意義、パーパスの有用性を、参考事例なども使いながらレクチャーをします。また、既存理念を振り返り、理念体系の再確認をして、必要であれば既存理念の見直しや体系整理についても説明しています。

基本となる概念をまずはじめに理解いただくために、ワークショップに参加するワーキンググループの皆さんには、全員でご参加いただくことをお勧めしています。

ワーク2　強みを考える

ワーク2からは、パーパスを発見するための3大要素、「情熱」「強み」と「ニーズ」について、一つの項目につき一つのワークショップを開催し、深掘りしてキーワードを洗い出していきます。

「強み」とは、ビジネス上の「得意分野」「優位性」に加え、自分たちならではの精神風土から生まれる「気質」や「行動」の特長などを指します。「情熱」とは、自分たちの企業が「大切にしていること」「こだわり」、そして関係者が「仕事を通じて実現したいと願うこと」など企業と働く人の熱量が向かう先のことです。このうち、まずはじめのワークショップで行うのは「強み」の要素についてです。社としての「強み」を挙げてくださいと言われて、従業員各人がすぐに思い浮かぶことはいくつかあるでしょう。ただそれは社内の他の人と同じものでしょうか？部署や部門を超えて共通する強みがありますか？全社的な強みをどう導き出すのでしょうか？

自社の強みは、さらに2つの視点で探ることができます。

・**有形物としての強み**：所持している資産（例：設備や土地など）
・**無形物としての強み**：できることと知っていること（例：スキル、知識、メソッド）／知っている人々（例：ネットワーク、取引先）／ブランド力

ワークショップを実施した企業から時折、その「強み」が重要かどうかをどう判断するのか？という質問を受けることがあります。

ここでは、分析的でデータドリブンなチームにお勧めの、方法論的アプローチを紹介します。

米国・ニューヨーク大学スターン経営大学院マーケティング専門であるスコット・ギャロウェイ教授（『The Four（邦題：the four GAFA 四騎士が創り変えた世界）』）による「3つのハードル」では、戦略的な意思決定や要素を、以下の3つの質問から評価します。

・競争視点：他と差別化されているか？
・顧客視点：市場との関連性はあるか？
・自社視点：自社の資源や強みで持続可能か？

これらを「強み」の要素リストに当てはめることで、そこからより重要な要素を絞り、本質的な強みを特定することができます。スプレッドシートで強みのリストを作成し、3つの視点から点数をつけていくと、より定量的な見方ができるでしょう。

ワーク3　情熱を考える

ワーク3では、「自社の情熱」について考え、要素を特定します。この情熱のワークは、会社、部署、個人が成し遂げたいこと、仕事をするうえでのこだわり、困難に直面してもあきらめずにやり遂げようとする想い、まだ実現できていない、すなわちまだ強みとなっていないが、これから自社の強みにしてきたいことなど、会社やブランド、個人の意志を発露してもらうことは、パーパスの発見において最も重要なワークになります。

では、「自社の情熱」の要素を特定するためのメソッドの一例を詳しく見てみましょう。自社において、今までの歴史の中の最高潮と最低潮を特定し、振り返ります。私たちは、これを「ヒストリカル・レビュー」と呼んで、毎回クライアントのパーパス発見の初期段階でこの作業を行っています。

具体的な手順としては、まず自社の歴史の中で重要な出来事をリストアップします。その会社や組織だからこその、象徴的な出来事や、経営理念・社是が具現化されたこと、個人的に特に思い入れが強いものを各自選んでもらい、それらを肯定的・否定的な尺度で順位をつけます。次に一つずつ振り返り、なぜその出来事が良かったと思ったのか、そうでないと思ったのかという理由を明確にします。その組織にとって何が一番重要なのかという価値観を明らかにすることができます。

・規模が中小の組織や会社の場合

ヒストリカル・レビューは、規模の大きすぎないチームや中小企業、そして、個人レベルのパーパス探求(例：創立者)にとっても効果的です。参加者が会社で起こった重要な出来事を自ら体験しているほど、その出来事の影響について深く考えることができます。

また、付加的な利点もあります。この作業は重要な出来事の歴史的検証にも役立ち、さらに、チームと組織が歴史を学び、振り返る良い機会にもなります。

・大きい規模の組織や会社の場合

小さい規模のチームとは異なり、大きな組織、そして歴史の長い組織にとっては、ヒストリカル・レビューを行う際に注意が必要です。それは、その組織の重要な出来事に直接携わっていない参加者がこの作業を行ってしまうと、結果が表面的になってしまう可能性があるということです。皆で歴史を学び振り返る作業は、組織の原点や強み、たどってきた道のり、成功タイミング、ターニングポイントなど、パーパス発見に有効な要素が多く掘り起こされるものであり、適切なファシリテーションがあれば、大変有用な知見を得ることができます。

ワーク4　ニーズを探る

ワーク4では、ニーズについて詳しく見ていきます。具体的には、世の中から必要とされていることや、期待されていることで、自社ができること、できそうなことは何かを探っていく

Customers／顧客

Needs／ニーズ	Served／対応済み顧客	Unserved／未対応顧客
Articulated／顕在ニーズ	・現在の市場にはどんな顧客がいるのか? ・現在どんなニーズに対応しているのか?	・自社の市場にない顧客は誰なのか? ・彼らが目に見えて、求めているものは何か?
Unarticulated／潜在ニーズ	・現在の市場にはどんな顧客がいるのか? ・彼らの潜在ニーズは何か?	・自社の市場にない顧客は誰なのか? ・彼らの潜在ニーズは何か?

ニーズと顧客のマトリックス

ことです。

ニーズについては、顕在化しているものと潜在化しているものがあります。氷山に例えると、表に見えているのは一角でしかなく、これが「顕在ニーズ」。そして、水の中に隠れている氷山の部分が「潜在ニーズ」です。通常、ニーズに関するワークショップでは、顕在ニーズ、潜在ニーズの洗い出しを行っています。

顕在ニーズと潜在ニーズを網羅的に探り整理する際に活用したいのは、ニューヨーク大学スターン経営大学院のアダム・オルター教授が提唱した、ニーズと顧客で構成する2×2マトリックスです。

このマトリックスの縦軸は顕在（Articulated）↑↓潜在（Unarticulated）ニーズで、横軸は顧客で、対応済み顧客（Served）↑↓未対応顧客（Unserved）となっています。

そして以下のような問いから考えてみましょう。

左の「対応済み顧客」を上から考えてみると、このような問いになります。

・現在の市場にはどんな顧客がいるのか？（左上の、顕在ニーズ×対応済み顧客）
・その顧客に対して、今はどんなニーズに対応しているのか？
・彼らの潜在ニーズは何か？
・現在の市場にはどんな顧客がいるのか？

例えば、すでにマクドナルドを訪れている子育て世帯の既存顧客からは、「マクドナルドに子どもを預けたい」という潜在ニーズがあるかもしれません。

一方で、右の「未対応顧客」については、自社が参加している市場以外の顧客（図の右側）は誰なのか？を考えていきます。

・はっきりと求められているニーズは何か？

・彼ら自身からはっきり求められてはいないけれども、もしかして何かしらのニーズがあるのではないか？

任天堂のゲーム機「Ｗｉｉ」は、この右下の例に当てはまります。ゲームを求めているわけではなくとも手軽にゲームをしたいという、ゲーマー以外の層からの潜在ニーズがありました。任天堂はそれに気づき、誰もが馴染みのあるリモコンの形をゲームコントローラーにし、直感で体を動かすゲームをつくったのです。

このフレームワークを通じ、自社の市場を照らし合わせ、前述のような問いを考えると、丁寧に、網羅的にニーズを整理できるでしょう。

また、トヨタ生産方式の発案者の大野耐一氏が生み出した「５ＷＨＹ分析」は、本質的な顕在ニーズの発見に役立ちます。

この手法は、元々、製造に関する問題に対して「なぜ」を5回繰り返し聞くことで、根本的な原因を突き止めるというものですが、この考え方をニーズにも応用することができます。なぜ顧客にこんなニーズがあるのか？を5回聞くことで、商品の機能に関するニーズのほかに、情緒的なニーズや本質的なニーズが見えてくるでしょう。

ビジネススクールでよく出る例です。マーケティング界のドラッカーと称されたアメリカの故セオドア・レビット教授の著書『マーケティング発想法』（1971年）でかつて提唱した「ドリルの穴理論」。ドリルを買いに来た人に対して、お店は「ドリルを売ることだけを目的とするのか」「ドリルでなくても他の方法も併せて提案することができるのか」という議論です。ここで語られるのは、「人々が欲しいのはドリルではない。彼らはドリルで開ける穴が欲しいのだ People don't want quarter-inch drills. They want quarter-inch holes.」ということです。

つまり、顧客が本当は何を必要としているかにもっと踏み込んでみることが大事なのです。なぜ壁に穴を開けたいのか？額縁を掛けたいと思っているからかもしれません。ではなぜ額縁を掛けるのでしょうか？家族旅行の写真を飾りたいのかもしれません。家族写真を飾るのはなぜでしょう？それは、思い出を楽しみたいから、と言ったように、5回繰り返し聞くことでニーズの奥を探っていくのが、「5WHY分析」による方法です。

「もし顧客に、彼らの望むものを聞いていたら、彼らは『もっと速い馬が欲しい』と答えていただろう」

こちらは、自動車のフォード・モーター・カンパニーの創業者、ヘンリー・フォードの名言です。顧客の本当の願望は「もっと速く移動したい」ということでしたが、当時は個人で速く移動できる手段として馬しかなかった時代です。ヘンリー・フォードは、「速く楽に移動したい」という人々の本当の課題を見極め、馬より速い自動車をつくり、人々の生活に大きな変化をもたらしました。

顧客は自分が本当に欲しいもの、必要とするものに関して、実は無知であるということがわかります。顧客自身が知らない、表現できないニーズを見つけるのは、延長線の先ではなく、既存の枠の外で考える必要があり、容易なものではありません。その上で、デザインシンキングや未来洞察手法のような手法を取り入れると、延長線上から飛躍した考えを引き出すのに役立ちます（これについては、ぜひ前著『パーパス・ブランディング』も読んでみてください）。

ワーク5　パーパスを考える

自社の強み、自社の情熱、そしてニーズ、それぞれの要素リストが洗い出されたら、次はそれぞれの要素リストの中から、最も重要な要素を特定していきます。それらの重要な要素が、パーパスを見つけるための、そしてそれを文言化するための、基礎になるものとなります。

最も重要な要素を特定する

3つの要素リストを皆で再度レビューし、すでに出ている要素の中から特に重要な要素を絞っていきます。ワークショップで行う場合は、参加者それぞれが重要だと思う要素ワードを選び、視覚化します。それによって、チーム全体が重要な要素をすぐに把握することができます。

また、ワークショップ形式でない場合にも可能な方法として、スコアによる採点方法があります。要素リストが入ったエクセルスプレッドシートやウェブアンケートを配布し、各自、決められた採点尺度（1〜5など）を使って各要素の重要度を評価する方法です。他の人の投票を見ることができる赤丸シールなどによる視覚的投票は、まわりに影響されてしまうことがあるのに対し、こちらのスコア採点の場合は、バイアスが少なく済むというメリットがあります。

どちらの方法をとるにせよ、このステップを経て、強み、情熱、ニーズのそれぞれの要素が絞られます。それらこそが、この後に見つけるパーパスの核となっていくものです。

強みと情熱、ニーズとの結びつきを見つける

・自社の強みの重要な要素
・自社の情熱の重要な要素
・ニーズの重要な要素

これらが特定されたあとは、「強みと情熱」「ニーズ」が重なる点を見つける作業に入ります。

結びつきからパーパスのエッセンスを抽出する

手順1

まずは、自社の「強み」の要素から。「強み」の各要素を見て、重要視したニーズや期待に対して、自社の強みで応えられるものは何なのか、結びつきを見出し、具体的にどうするのかを導き出します。

手順2

さらに、情熱の各要素については、重要視したニーズや、特に社会的意義のあるニーズに対して、まだ自社の強みだけでは対応できないが、取り組むべきである、やるべきである、という視点で結びつきを見出します。まさにその企業や組織、ブランドの意志が問われる瞬間です。

手順3

手順1〜2で結びついた要素は、あなたの会社の強みや情熱と、ステークホルダーのニーズとの結びつきを表しています。

それぞれの結びついた要素について、その関係性を最もよく表す言葉やフレーズを考えます。もし良い言葉やフレーズが思い浮かばない場合は、ペアの元となる要素のワードを使っても良いでしょう。例えば「コーヒー」が自分のこだわりで、「飲み物」がニーズだったとしたら、このペアを表す言葉を「コーヒー」とすることもできます。

このように、対になった結びつきから派生した言葉やフレーズのことを、パーパスの「エッセンス」と呼んでいます。

パーパスの「エッセンス」の例：コミュニティを重視するコーヒーチェーン

パーパスのエッセンスを抽出するために、対になるものから言葉／フレーズを考え出す例を見てみましょう。あなたが美味しいコーヒーで地域の人々とのコミュニティ創生と地域の活性化を掲げる有名コーヒーチェーン店の経営層にいると想定します。この方法論を使ってパーパスを発見し、言語化する場合、どんなエッセンスができるかを考えてみましょう。

自社の強み要素：
（1）コーヒーの権威である

自社の情熱の要素：
（2）コーヒーからコミュニティを創造できるという確信

顧客のニーズの要素
（A）美味しいコーヒーが飲みたい
（B）人とつながりたい

ここから思いつく結びつきは、以下のようなものになります。

・（1）と（A）
強み：コーヒーの権威であること
ニーズ：美味しいコーヒーが飲みたい
この対では、例えば「コーヒーへの情熱」という表現で、この関係を表現できるでしょう。
また、（2）とBでは情熱とニーズで別のペアをつくることもできます。

・(2) と (B)
情熱：コーヒーからコミュニティを創造できるという確信
ニーズ：コミュニティの一員になりたい
コミュニティは一人では成り立たなく、多数の人がいて、つながっているものだと解釈できます。これを踏まえ、この対では「人と人とのつながり」という言葉で表現できます。

パーパス案を確認する10のチェックリスト

そしてワーク5では、ワークショップ参加メンバーそれぞれにパーパス案を考えてもらいます。それらの案を10個のチェックリストを使って、いま一度確認します。

1　自社の存在理由が過不足なく語り切れているか？
2　議論からの飛躍はないか？
3　その言葉でなければならない理由を説明できるか？
4　その言葉の本質は他者から見て理解できるものか？

5　自社ならではの手段が感じられるか？
6　表現レベルではない自社らしさがあるか？
7　自社の企業文化、企業風土を反映した語彙か？
8　自社で持つ他理念（例：ミッションやビジョン、バリューズなど）との関係は適切か？重複はないか？
9　既存事業ドメインをどう扱うか議論は尽くされているか？
10　理念に使われやすい抽象的な言葉について、自社としての具体的なイメージは持てているのか？

この10のチェックリストについて、それぞれを説明します。

1　自社の存在理由が過不足なく語り切れているか？

こちらは、言わずもがな、パーパスのステートメントこそが「組織の存在理由」であるべきということに尽きます。自社が「なぜ存在するのか？」に対する問いの答えになっていなかったり、自社のその答えとして正しくないようであれば、再検討しなければなりません。なお、パーパスのステートメント内では表現しきれない細かい説明については、「ストーリー」として、別途展開するケースも多くあります。

2　議論からの飛躍はないか？

せっかく多くのワークショップやディスカッションを経て、パーパスの核が見えてきているのに、表現にこだわるあまり、議論から大きく飛躍してしまい、本来意図していたところからずれてしまうことはよくあります。クリエイティビティを発揮しようとしすぎたり、表現に引っ張られたりして、本来意図していないことを伝えるような内容になっていないかを確認します。

3　その言葉でなければならない理由を説明できるか？

一語一句、なぜその言葉なのか、その単語、その表現（例えばひらがな、カタカナ、あるいはカギカッコを使ったりといった表現も含む）なのかを、自分たちの言葉できちんと説明できることを確認します。

4　その言葉の本質は他者から見て理解できるものか？

議論に参加していない身近な従業員の方を想像してみましょう。例えば新しく入ってきた従業員がいるとします。それらの方にも本質が伝わる言葉になっていますか？

5　自社ならではの手段が感じられるか？

自分たちだからこそできる手段、自社独自のやり方やビジネスの手法が、パーパスの中に表現されていますか？

6　表現レベルではない自社らしさがあるか？

「自社らしさ」を語る方法として「表現」と「内容」の2つがあります。「自社らしさ」は「表現」と「内容」の2つの視点からチェックしています。「表現」は自分たちのパーソナリティに合ったものになっているかどうかです。例えば、優しい印象を残すためにあえてひらがなで表現したり、ですます調で終わりたいなどといった表現方法を確認します。一方で、「内容」については、2とも共通するのですが、表現を重視し表層的になりすぎて、言いたい内容がずれていないか、いま一度確認をします。

7　自社の企業文化、企業風土を反映した語彙か？

各組織には独自の文化や風土が存在します。単語のセレクトや、言葉遣いが、自分たちの組織に合っていないものになっていないでしょうか？

8　自社で持つ他の理念（例：ミッションやビジョン、バリューズなど）との関係は適切か？重複はないか？

パーパス以外の理念を併用して使っていく場合、理念体系の中の他の要素との重複がないかどうか確認することも必要です。例として、ミッション、ビジョン、バリューズ、WAYや、創業精神、経営理念、社是など、各社で使っているもの、今後も使っていくものがあると思います。既存の理念を変更しないと決めている場合は、そこですでに言われていることと同じことをパーパスで言っても意味がないので、重複している内容がないかどうか、またそれぞれの内容と関係性に矛盾がないかを確かめます。

9　既存事業ドメインをどう扱うか議論は尽くされているか？

自社の事業内容は今後どのようになっていくでしょうか？また、そういう議論を踏まえたうえでの最終表現になっていますか？今後も明確にこのドメインを攻めるつもりというのであれば具体的な表現の仕方でも良いでしょうし、もし今とは違う事業領域に広がる可能性があるのであれば、言葉の抽象度を上げたほうが良いかもしれません。

10 理念に使われやすい抽象的な言葉について、自社としての具体的なイメージは持つことができているのか？

例えば、「未来」「豊かな」「明るい」「感動」「創る」などといった、理念によく使われている言葉で表現している場合、それについて自社としての具体的なイメージがあり、自社だからこそ使える言葉であることを説明できますか？

5 ― 人間にとっての基本的価値の特定

必須ではありませんが、パーパスを表現する前に実施しておきたい、こちらのオプショナルワークもご紹介します。

P&Gの元グローバルマーケティングオフィサーであるジム・ステンゲルは、驚異的な成長を遂げた企業を調査した結果、それら企業の理想とするものが、人間にとっての基本的価値観とされる5つのどれかに当てはまるものであることを発見しました。

人間の基本的価値観の5つとは、以下のとおりです。

・喜びを感じさせる
・結びつきを助ける
・探究心を刺激する
・誇りをかき立てる
・社会に影響を与える

（出典：ジム・ステンゲル『本当のブランド理念について語ろう』）

ジム・ステンゲルは、この著書の中で「並外れた企業は、これら5つの分野のうちのたった一つだけ、もしくは多くても2つを核にしているということが、調査から判明した」と指摘しています。結局のところ、企業やブランドは、すべての人にすべてを提供することはできないということです。

あなたの会社のパーパスはどの基本的価値観に当てはまるでしょうか？

私たちは、パーパスを明文化する前の、発見（ディスカバリー）フェーズのセッションで、その会社のパーパスと関連性が近い基本的価値は何なのかをクライアントと一緒に確認しています。その際、これら5つの分野について事前に理解を深めておくと、その後がスムーズに進みます。例えば、他社の理念を見て、どの分野に当たるのかを分類してみたり、具体的な事例をみんなで議論することで、パーパスを言語化する際に各分野の理解を深めることができます。

では、エスエムオーが毎年調査している東証プライム上場企業のパーパス・ステートメントリストからいくつかの例を参照し、それぞれがどの分野に該当するのかを見てみましょう。リストは、付録として掲載しています。

○喜びを感じさせる（幸せや驚き、無限の可能性の体験といったようなものが表れているもの）
富士フイルムホールディングス
地球上の笑顔の回数を増やしていく。

○結びつきを助ける（人と人が、また人と世界が、有意義な方法でつながるためのもの）
ぐるなび
食でつなぐ。人を満たす。

○探究心を刺激する（視野の広がりと新しい経験の模索を助けるもの）
三井金属鉱業
探索精神と多様な技術の融合で、地球を笑顔にする。

○誇りをかき立てる（自信、強さ、安心、活力を与えるもの）
明光ネットワークジャパン
「やればできる」の記憶を作る

○社会に影響を与える（既存概念の打破や区分再定義など、社会に広く影響を与えるもの）

サイバーエージェント

新しい力とインターネットで日本の閉塞感を打破する

皆さんの会社がどれに近いものになりそうか、少しイメージが湧いてきたでしょうか。

6―パーパスを言語化する

パーパスの言語化は、多くのインプットやワークショップの手順を経て初めて実現します。ワークショップで得られたアウトプットをベースに、さらなるリサーチや世の中のトレンド、今後の社会変革を考慮して、パーパスの表現をブラッシュアップします。ここでは、文言が企業の実態や文化、目指すべき姿に沿ったものであるかを確認しながら進めます。

こうした多くの作業を経て一つの言葉にパーパスとして言語化していくのは、大変な作業であり、そのために体制を整えて最終言語化に臨む必要があります。

その体制の例としては主に3つのケースに分かれます。

①ワーキンググループが継続して言語化まで行う
②ワーキンググループ内の中心メンバーが言語化を進める
③経営陣などのリーダーが言語化を進める

言語化の際に、コピーライターを入れる場合と、そうでない場合があります。彼らは言葉のプロフェッショナルであり、人の心を掴む表現をつくり出す能力があります。コピーライターを入れることにより、パーパスの文言がより共感を得やすく、効果的なものになる可能性が高まります。私たちがお手伝いするプロジェクトで、コピーライターを入れる場合は、ワークショップの初期段階から参加してもらっています。

ただし、パーパスの言語化においては、キャッチコピーやスローガンのような〝いわゆるコピーライティング〟でなく、「パーパスはつくるものではなく、発見するものである」という認識を持つことが重要です。またコピーライターについても、そうしたパーパスの文言開発の特色をしっかりと理解しているコピーライターに参加してもらうべきです。単なるコピーライティングの力だけでパーパスを「つくって」しまうと、耳あたりが良いだけの、「かっこいいけど、うちの会社に合ってるかな?ちゃんと説明できるかな?」という内容になりがちです。パーパスの文言は、ここまでのすべての議論やあらゆるインプット情報を反映したものであるべきです。

また時に、コピーライターに頼りがち、任せがちになってしまい、社内で説明できないものになってしまうことがあります。実際にパーパスを自分ごと化して使っていくのはまぎれもない従業員の皆さんです。各自が出来上がったパーパスに対して深い理解ができ、論理的な説明ができるのか、そのようなパーパスにするには、コピーライターが言語化したほうが良いのかどうなのかを社内でしっかりと検討しましょう。

最終的に言語化していく作業を誰が担うかにかかわらず、ここでの作業は、文章を再整理して、多くのインタビューやワークショップ結果などから出てきた視点と要素を使ってパーパス案の方向性を絞り、言葉を洗練していく作業になります。コピーライターがその作業を担うかどうかは手段の一つに過ぎません。

パーパスの文言を作成する過程では、何度もやりとりを行い、メンバー全員が納得いく表現に整えていきます。このプロセスでは、各メンバーの意見を尊重し、調整を重ねることが不可欠です。これにより、パーパスがより実効性のあるものとなり、組織全体に浸透しやすくなります。

次の節では、パーパスを文言として最終化する際のチェックリストを紹介します。

7―パーパス文言の最終チェックリスト

ＮＢＡなどのプロ・バスケットボールの試合を見る時、視聴者はボールそのものに注目することはあまりないでしょう。しかし、ボールは間違いなく、試合の重要な要素です。しっかりとつくられた機能的なボールがなければ、選手はドリブルできず、ボールは手から滑り落ちてしまいます。きちんと機能するボールがなければ試合は成立しません。

ビジネスにおいて、パーパスについても同じことが言えます。そのパーパスが良質で、健全で、適切なものであることが大前提となります。

パーパスを言語化する上で、必ず確認しておきたい事項が、次の３つです。

1　オーセンティックか
2　インスパイアするものか
3　シンプルか

それぞれについて解説していきます。

1　オーセンティックか

まず、そのパーパス文言が「オーセンティックかどうか」という基準があります。「オーセンティック」という言葉や考え方に、日本語だとしっくりこない方もいるかもしれません。「オーセンティック（Authentic）」は名詞のAuthenticityから来ており、英辞書では、Authenticityを次のように定義しています。

・事実に適合している、事実に基づいているとして受け入れられる、信じるに値すること
・原型に忠実に、本質的な特徴を再現すること
・原型と同じようにつくられている、原型と同じように行われている
・偽りや模倣でない：本物の、実際の
・自分自身の人格、精神、性格に忠実であること

つまり、Authenticityとは、「そのパーパスが、本物であり、真正であり、真実である」とい

うことです。ビジネスにおいて、Authenticityが重要であることは間違いない事実です。本物であるということは、顧客との信頼関係を構築し、購買行動を駆り立て、周りに薦めてもらいやすくなります。

また、組織のパーパスを活性化させる上でもAuthenticityは不可欠です。組織の中でパーパスを軸としたムーブメントを起こすには、皆がまずはそのパーパスを本当に信じていなければなりません。そうでないと、実際に行動には結びつかず、そのパーパスが実現する可能性は低いからです。これは言い換えれば、パーパスがオーセンティックであれば、人々はそれを信頼し、信じるようになり、日々の仕事に取り入れるようになります。

Authenticityを日本語で解釈した時に、「らしさ」とされることがありますが、それは外見主義になりがちです。そのため、「らしさ」の観点からパーパス・ステートメントをレビューする場合は、内容や形（例えば言葉選びやトーン）として、その企業やブランドのアイデンティティに忠実であるかどうかをチェックしています。これは「Explicit Authenticity（目に見えてわかる真正性）」です。つまり、パーパス・ステートメントの表現にわかりやすい真正性があるかどうかをチェックする必要があります。

一方で、「Implicit Authenticity（潜在的な真正性）」があります。

例えば、友達と一緒にピザを注文することになった時。あなたは、薄くてクリスピーな生地に最小限のトッピングが美味しそうに乗ったシンプルなピザを想像するかもしれません。しかし、隣にいる友人は厚い生地のピザを想像している可能性も。つまり、自分が考えていることだけがすべてではないということはおわかりでしょう。誰がそのピザを、どのようにつくっているのか？これがここでいう「潜在的な真正性」です。

パーパス・ステートメントを評価するにあたっての、「潜在的な真正性」とは言葉でどのようにそのパーパスが表現されているかだけでは、そのパーパスを完全に評価できないということです。ステートメントの内容や言い回しが自社のアイデンティティに忠実かどうかの視点でステートメントを見直すと同時に、潜在的な部分、つまりそのステートメントがどのように発見され、表現されたのかについても意識しながら見直す必要があります。言い換えれば、言語化に関わる人々とプロセスが重要ということです。

米国の家電量販店であるベスト・バイの元CEOのユベール・ジョリーは著書『ハート・オブ・ビジネス』で、この点について、ベスト・バイの復活は、「人びとのニーズに対応できるよう、テクノロジーを使って生活を豊かにする」という会社のパーパスを定義したこと、そして全社的にそのパーパスを日々の行動に反映させたことが大きく関係していた。ベスト・バイのパーパスは、コミュニケーション・コンサルタントが思いつきの表現をパワーポイントで巧みに示して見せたものではない。社員がベストの状態にあるときの姿を観察することによって、有機的に生み出されたものだ。これが、本物であり、しっかりと根付いた信憑性(authenticity)を与えているのだ。

と表現しています。パーパス・ステートメントの潜在的な真正性、つまり、パーパスが内なるところから見つけ出されたかどうか。組織の人々によって推進され、組織の人々を深く巻き込むパーパスとなっているかどうか。そうした観点でチェックをしましょう。

パーパスの表現の段階ではコンサルタントやコピーライターが介入しても、彼らはガイドでありファシリテーターでしかありません。パーパスの浸透と実現に向かって、運転席で実際に運転するのは、その組織の人々に他なりません。

パーパス・ステートメントがオーセンティックかどうかのチェック項目

□本物であり、真正であり、真実であるか？
□らしさ　目に見えてわかる真正性
□潜在的な真正性

2　インスパイアするものか

そのパーパスは「インスピレーションを与えるものかどうか」。「インスピレーション」は動詞の「inspire」から来ており、誰かの思考、感情、行動に影響を与えたり、動機づけたり、刺激したりすることを指しています。この言葉の語源はラテン語の「inspirare」で、「息を吹き込む」「生命を吹き込む」という意味があります。この言葉の意味が発展して、「精神や生命を吹き込む」という意味を持つようになりました。

つまり、インスピレーションを与えるパーパスとは、人々にエネルギーを与えることができるパーパスのことを指します。それは意欲を生み出すものであり、それはモチベーションにつながるものです。

企業や組織のパーパスは、意思決定、行動、コミュニケーションの指針となります。パーパスは、よく企業の北極星と呼ばれます。しかし、重要な存在ながら、もし皆が仰ぎ見ようとしないのであれば、北極星に価値はないと言えるでしょう。だからこそ、人々にインスピレーションを与えるパーパスが必要なのです。インスパイアされた人々は、パーパスにエネルギーと意味を見出すことができ、北極星の存在がなくてはならないものだと思うことができるのです。

パーパス・ステートメントがインスパイアするものかどうかのチェック項目

- □インスピレーションを与えているものになっているか？
- □ワクワクするものかどうか？
- □やる気を起こさせるものかどうか？
- □突き動かす原動力となるものかどうか？

3　シンプルか

歴史がある企業ほど、理念の文言といえば、古臭い、長い……などのイメージがつきまといます。それをパーパスという形にアップデートし、シンプルかつ現代風の言葉で言い表すケースが多くありますが、単に「今っぽい」というだけではなく、シンプルにするのには理由があります。

企業理念の内容に使われている言葉が難しかったり、要素が多すぎて複雑なものであれば、それを伝播して組織内外に拡げる機能が低下します。

例として、中国の漢字と識字率についてお話ししましょう。

１９５０年、中国の識字率は20パーセントだったのが、現在では85パーセントを超えています。その要因の一つに、１９５０年代に漢字が簡略化されたことがあります。当時、中国政府は新しい簡体字を制定し、画数を減らして簡略化、さらに中国漢字そのものの総数も減らしました。この変化で忘れてはならないのは、学ぶ側だけでなく、教える側にもハードルが下がり、教えやすくなったということです。

この識字率の劇的な向上は、なにか新しいことを広める際に、その対象となる層が大きいほど、シンプルさが力を発揮することを示しています。

組織におけるパーパスの活性化についても、その文言がシンプルで明確であるほど、理解しやすく、かつ他の人にも伝えやすく、広めやすい、つまり浸透しやすくなります。

パーパス・ステートメントがシンプルであるかどうかのチェック項目

□急速に進化する現代の世界で、すぐに習得でき、内部浸透しやすいものか?誰にとっても理解しやすいものか?

□さらに他の人に教え、広めることができるものか?

なお、シンプルさについては、注意すべき点もあります。それは、シンプルなものにした方が良いということが、カッコ良い・聞こえの良いようなキャッチコピーやスローガンのようなものと誤解されがちであるということです。すでにお伝えしたように、パーパスはスローガン化してはなりません。文化や多様性などの背景を踏まえた組織としての表現がしっかりとパーパスに現れていないといけないのです。

8 ― パーパスを決定する

パーパスは、企業の存在理由という根幹を成すものなので、その決定は慎重にしなくてはならないものの、ここまでうまくいっていたのに、決定のプロセスでつまずく企業も少なくありません。企業へのロイヤリティや思い入れが強いほど、パーパスの決定に対しても一悶着あることが多いからです。

私たちがクライアントのパーパス策定のお手伝いをする時には、はじめの段階で、「パーパスをどうやって決定するのか」、そのプロセスやり方をクライアントと決めておきます。最終判断は、トップによる決断が最も重要ですが、そこに至るまでのプロセスにもいろいろな道のりがあるので、関与する人たちや、その方法の選択肢を提示しながら決めていきます。

例としては、

・トップだけで決める
・トップと経営層で決める
・トップと経営層、推進チームで決める
・トップと経営層、推進チーム、ワーキンググループで決める

・トップと経営層、推進チーム、ワーキンググループ、従業員で決めるというパターンがあります。

人数が少ないほどスピードは早くなります。一方、決定への参加人数が多くなるとそれだけで時間を取られますが、会社の大切なパーパス決定に関与したことで、コミットメント意識が高まり、策定後に浸透段階へ進む際にスムーズな移行が可能になります。参加人数が多い場合には、ワークショップや打ち合わせだけでなく、アンケートや投票などの非対面のコミュニケーションで参加を募るのが現実的です。

パーパス決定の最終段階に入ってくると、大体、方向性はみんなの合意を得られていて、大枠は経営層から了承を得た状態で文言を詰めていく、収斂していく作業になります。ここで、その会社ならではの言葉を見つけられるかどうか、開発できるかどうかは、その前段階のリサーチやワークショップからの分析力と柔軟な発想力や創造力にかかってきます。良いパーパスを策定できれば、究極的には言葉が一人歩きして勝手に浸透してくれるものです。

9 — パーパスの多言語化をする

日本企業で海外展開をしている企業や、外国人を多く雇用している企業のパーパス策定のお手伝いをする場合、日本語のパーパスだけでなく、他の言語のパーパスも同時に策定することが多くあります。弊社パーパスコンサルタントのジャスティンを筆頭に、海外拠点の英語・中国語ネイティブがいるエスエムオーでは、海外拠点各地をつないだオンラインでのグローバル・ワークショップや、日本語以外でのパーパス開発も実施しています。

パーパス・ステートメントを別の言語で表現することを、私たちは単なる翻訳ではないと考えています。翻訳から一歩踏み込んで創造する、つまりトランス・クリエーションのレベルと言えましょう。

パーパスを別の言語で開発するプロセスのことを、私たちはローカライゼーションと呼んでいます。つまり、特定の相手（その国や文化の人々）に向けて、パーパスを彼ら向けの言語で表現するのです。元の意味と意図を維持しながら、ターゲットとなるオーディエンスに関連性と共鳴性を持たせることが重要です。

多言語化の際のポイント

多言語化のポイントとして、アプローチする際に「トランス・クリエーション」、そして「ローカライゼーション」といったことを意識するのが重要です。

私たちエスエムオーでは独自のメソッドに沿った形で、かつフレキシブルな形で、クライアントごとにその社にあったアプローチを採用しています。私たちのメソッドの特徴としては、常に2つの相反するタイプの外国語案を提案します。例えば、「シンプルな表現」のものと「説明的な表現」のもの。または、「原文に忠実な表現」なものと「自然な表現」のもの。それぞれ異なるさまざまな表現方法での案を出して検討していく過程で、どこに重点を置くべきかを決めていき、指針にします。

多言語化したパーパスが、どこでどう使われるのか？

多言語化したパーパスは、どこで誰が使っていくのでしょうか？例えば英語のパーパスを策定することを検討している場合、それが日本語を理解しない従業員の拠り所となるパーパスなのであれば、彼らは皆、英語ネイティブなのか、多くは英語ネイティブでない外国人なのか、それにより響く言葉選びが変わってきます。外部パートナーに英語版制作を依頼する場合も、もともとの日本語のパーパスが出来上がった背景とそのストーリーはもちろんのこと、英文パーパスを誰がどのように使っていくのか、また社内カルチャーなど、パートナーがしっかり理解していないと、その会社に合った英語の言葉を的確に表現するのが難しくなります。

トーン&マナー

ローカライズのプロセスでは、ブランドに沿ったステートメントを表現する必要があります。トーン&マナー、そしてボイスは、そのブランドに合ったものでなければなりません。そのため、ブランドのトーン、マナー、ボイスを詳細に記載したブランドガイドラインがあると良いでしょう。そのようなガイドラインがない場合は、代表的な資料など、パートナーがローカライズするにあたって理解しやすくなるものを提供することが有効です。

COLUMN

時代に沿ったパーパス・ステートメント

時代の変化に応じて文言は変わる

パーパスの文言は一度決めたら変えてはいけないと思われがちですが、必ずしもそうではありません。パーパスの「元」となっている「ニーズ」、特に社会からのニーズは、時代によって変わっていきます。つまり、パーパスも、時代に合わせて変わっていく必要があるのです。文言や言い回しについても、時代の変化に応じて、その時代に適した言葉が使われるべきです。意図する志や、核とする信念は変わるわけではありませんが、それを表現する言葉は、むしろ変化していくべきと言えます。パーパスの文言については、10年スパンくらいで見直ししながら、必要に応じて変えていくことも検討されるのが良いでしょう。

ここで、パーパス・ステートメント（企業によっては、ミッションステートメント）が改訂されたケースの、旧・新での違いを見てみましょう。

左のページにあるのは、アイコン的なグローバル企業の例です。

企業名	旧ステートメント	新ステートメント
スターバックス	Establish Starbucks as the premier purveyor of the finest coffee in the world while maintaining our uncompromising principles as we grow.	Inspired by conversations with our people from around the world, our mission and values are a nod to Starbucks past and take us into a new future
	当社の原則を一貫して守りつつ事業を拡大し、世界の最高級コーヒーの加工から小売まで一貫して扱う一流コーヒー専門会社としてのスターバックスを築いていく。	この一杯から広がる心かよわせる瞬間 それぞれのコミュニティとともに 人と人とのつながりが生みだす無限の可能性を信じ、育みます
パタゴニア	Build the best product, cause no unnecessary harm, use business to inspire and implement solutions to the environmental crisis.	We're in business to save our home planet.
	最高の商品を作り、環境に与える不必要な悪影響を最小限に抑える。そして、ビジネスを手段として環境危機に警鐘を鳴らし、解決に向けて実行する。	地球を救うためにビジネスを営む。
マイクロソフト	To put a computer on every desk and in every home.	To empower every individual and every organization on the planet to achieve more.
	すべてのデスクとすべての家庭に1台のコンピューターを。	地球上のすべての個人とすべての組織が、より多くのことを達成できるようにする。
ユニリーバ	To meet the everyday needs of people everywhere.	To make sustainable living commonplace.
	世界中の人々の日々のニーズに応えること。	サステナブルな暮らしを"あたりまえ"にする。
ソニー	To be a company that provides customers with kando - to move them emotionally - and inspires and fulfills their curiosity.	Fill the world with emotion, through the power of creativity and technology.
	ユーザーの皆様に感動をもたらし、人々の好奇心を刺激する会社であり続ける。	クリエイティビティとテクノロジーの力で、世界を感動で満たす。
MUFG	To be a foundation of strength, committed to meeting the needs of our customers, serving society, and fostering shared and sustainable growth for a better world.	Committed to empowering a brighter future.
	いかなる時代にあっても決して揺らぐことなく、常に世界から信頼される存在であること。時代の潮流をとらえ、真摯にお客さまと向き合い、その期待を超えるクオリティで応え続けること。長期的な視点で、お客さまと末永い関係を築き、共に持続的な成長を実現すること。そして、日本と世界の健全な発展を支える責任を胸に、社会の確かな礎となること。	世界が進むチカラになる。

これらについて何が考察できるかを見ていきます。

1　人を中心にしたベネフィットへの転換

最新のステートメントは、主に2種類に分けられます。

1つ目は、製品を超えて、顧客のベネフィット（顧客に対して何ができるのか）に焦点を当てようというもの。マイクロソフトは、人々がより多くのことを達成できるように支援するというものです。ソニーは、私たちを感動で満たしてくれます。

2つ目の種類は、私たちの世界や未来をより良くすることに焦点を当てています。パタゴニア、ユニリーバ、MUFGがこちらのタイプです。

2　インスピレーションを与える

一般的に、新ステートメントではより高い志へシフトしています。そこから見られるのは、

・人間：person、individual、peopleという言葉が焦点になっているもの。
・私たち人類が大切にしているもの。例えば、私たちの心や近隣コミュニティ（スターバックス）、私たちの地球（パタゴニア）など。

こうした側面は、人間である私たちとの親和性を高め、さらには感情やインスピレーション

を呼び起こす理念へと改定されていることがわかります。

3 シンプルになっている

最後に、新たに制定されたステートメントは、短くシンプルになっています。これは、現在の騒々しく情報過多な世の中の状況を反映しているのではないでしょうか。

そして最も重要な視点として、「なに」の明示から、「なぜ」の明示へシフトしているということです。旧ステートメントはその企業のWHAT＝「なにをやっているのか」を明確にしたものでしたが、新ステートメントでは、その企業のWHY＝「なぜ存在し、それをやっているのか」を言及したものになっていることが、一覧からわかりやすくご覧いただけるかと思います。

第４章

浸透

パーパス・ムーブメント

1 ― パーパスの浸透のサイクル

パーパス策定の大目的、それは、そのパーパスの実現です。では、そのパーパスを実現するために、何が必要でしょうか？

パーパス浸透のサイクル

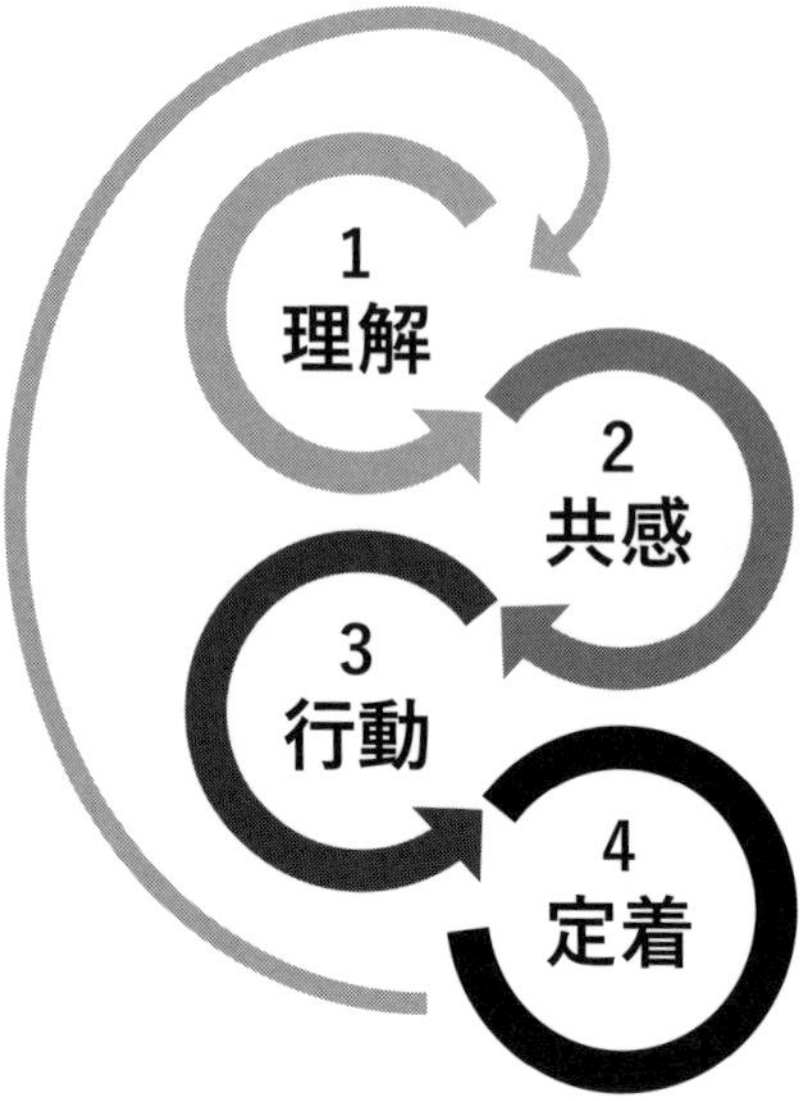

企業が明確にした存在理由を、企業文化や業務プロセスの中心に据えることができるような状態をつくる必要があります。この状態まで持ってくるには、4段階のサイクルがあります。

1 理解
2 共感
3 行動
4 定着

この1理解～4定着という一連の流れこそが、いわゆる「パーパスの浸透」です。一言に「浸透」と言っても、実際に浸透するには時間がかかり、段階的に進行していく必要があります。また一度、理解～共感～行動～定着を実施したら終わりではなく、また理解へと戻って繰り返すのも特徴的です。各段階の特徴と施策例を交えて説明します。

第1段階　理解

まずは、内部の人間が、パーパスを理解している状態が、この「理解」です。

策定したパーパスの背景と意味を理解するというこの段階での具体的な活動としては、以下が挙げられます。まずは、リーダーである経営トップからパーパスについて発信することが重要です。発表会や説明会を設定し、全従業員に対してパーパスの策定の意義や内容説明、その背景、そして思いを伝えていきます。社長や会長が、自分の言葉で語るのが重要です。実際に対面で大人数を集めるのが難しい場合には、ビデオメッセージという方法もあります。従業員は自分のペースで視聴することができ、また繰り返し視聴が可能なため、多くの従業員にリーチすることができます。

なお、パーパスを策定してから、次に理解に進むという流れもありますが、すでにご説明しているように、策定段階から浸透は始まっています。つまり、パーパスを策定する時にも、理解の促進ができるのです。策定に向けたすべての対話や相互のやりとりから、理解が生まれます。そのためには、パーパスを策定する段階でより多くの従業員を巻き込み、策定に関わってもらうことで、パーパスが完璧に表現される前に、パーパスが重要なことと考えるようになります。そうして、より早い段階で、理解の共通化を進めることができます。さらに、早い段階で関与した場合、いきなり新しいパーパスを突き出されるよりも、パーパスを受け入れやすく、納得しやすくなるでしょう。これは、第2段階の共感にもつながります。ポイントは、パーパスの浸透は、それを策定する時から意識しなければならないということです。

第2段階　共感

理解の次は、共感。つまり、「共に」パーパスを「感じる」ことと言えるでしょう。そのために、個人の理解という視点よりも、社内の他人がどのようにパーパスを捉えているかを知る必要があります。そのように「共に」パーパスの捉え方を理解するにあたっては、対話会が有効です。説明会は大人数に向けての発表会の要素が強いですが、リーダーと少人数での対話会では、経営陣と従業員が直接対話し、パーパスについて自由に意見交換する場を提供します。なかなか直接会話する機会が少ない経営陣と従業員が直接対話することで、双方向のコミュニケーションが促進され、共通の理解が深まります。また、対話会で得られた従業員の意見やフィードバックをもとに、パーパスの実践方法を改善します。

従業員がパーパスに対して好意を持ち、それに伴い、心からそのパーパスを信じる状態が次の段階につながります。

第3段階　行動

パーパスを理解し、共感が広がると、それに基づいて判断、行動が伴ってきます。

ここでは、自分の役割との関連性を認識することが求められます。それを実現するために、従業員自身が会社のパーパスと自分の業務がどのようにつながっているかを考え、話し合う機会を設ける必要があります。つまり、従業員がパーパスに関する研修などを受け、そこで得た知見をもとに、自分の業務へ落とし込んでいく流れになります。例えば、ワークショップや1

on1のような研修を実施するといった方法があります。既存の研修に組み込むことも可能ですので、ぜひ自社に合った方法を見つけてみてください。

また、「こういうことがパーパスに基づいた業務なんだ」というパーパス事例を示すのも効果的です。パーパスに関連した社内イベントやキャンペーンを開催するのも良いでしょう。

そして、この第2段階の共感と、第3段階の行動はそれぞれに相互作用があります。共感から行動に移すことだけでなく、その逆もまたしかりで、他者や自分の行動から共感を得ることもあります。

第4段階　定着

最終段階では、パーパスが企業文化として根付くことを目指します。パーパスが自然に実践されるようになり、継続的な取り組みとして定着した状態です。

しかしながら、浸透している状態を保つためには、理解や共感を促進させるための終わりない活動、パーパスへの学びの提供や成功事例の共有などを終わりなく実施し続け、従業員のパーパスの正しい認識を保ちながら、モチベーションを高めていくことが必要となります。企業環境や社会情勢の変化に応じて、パーパスの内容や実践方法も見直し、常に最新の状況に適応するように努めます。

浸透のこれらの4段階については、ステップを踏んでいくプロセスというよりも、継続的なサイクルを永遠にぐるぐると回していくイメージです。つまり、浸透は完結するものではなく、これらの4段階を意識し、継続的に繰り返し行われ、浸透されている状態を保つことが重要です。

2 ― ムーブメントとは

パーパスの浸透をムーブメントとして考える

浸透のサイクルを回すために、あらゆる施策の実施が必要ということは明白です。具体的に、どんな施策を打ったほうがいいのか、どの施策を組み合わせて行うべきか、より良いムーブメントプランの立案のためには、フレームワークが役立ちます。

パーパスの浸透は、人間中心の視点から見ると、パーパスを中心に、ムーブメントを起こすことです。私たちは、パーパスの浸透を「ムーブメント」と呼んでいます。いくら立派なパーパスがあっても、人が動かなければ、そのパーパスの実現は不可能であり、主役は人です。パーパスに沿って、自ら行動をとり、そのパーパスを実現しなければなりません。その際に、重要なことは2つ、「1　パーパスへの深い理解」と「2　パーパスへの強い信頼」に尽きます。

**全ての人々がパーパスに基づいて判断し
行動する組織を実現する2つの条件**

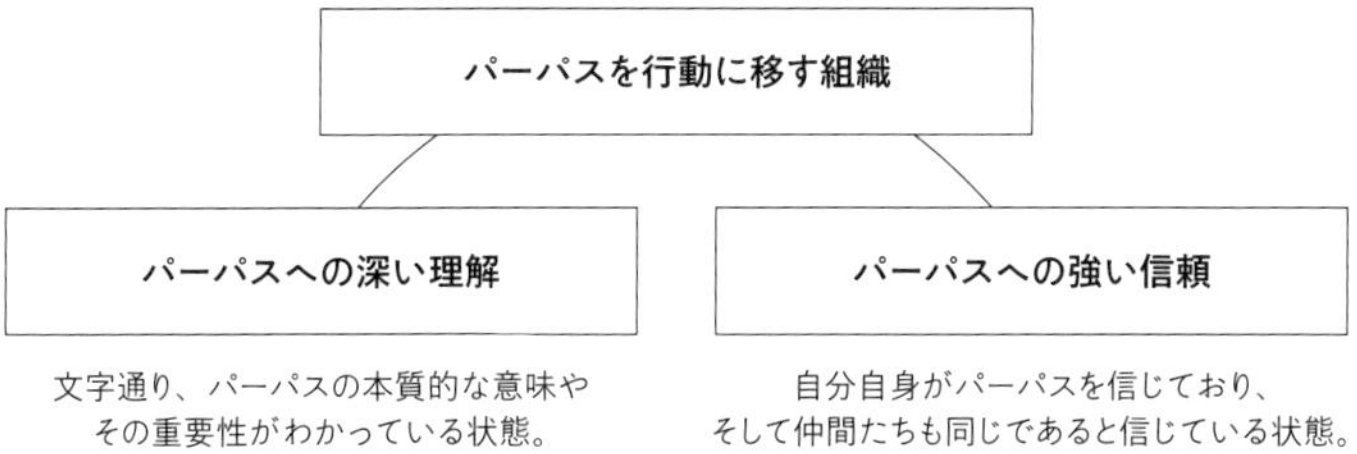
パーパスを行動に移す組織
パーパスへの深い理解
文字通り、パーパスの本質的な意味やその重要性がわかっている状態。
パーパスへの強い信頼
自分自身がパーパスを信じており、そして仲間たちも同じであると信じている状態。

頭での理解、心からの信頼

すべてのムーブメントの核心には、人を惹きつける「考え」があります。そして、そのムーブメントへの参加者は、その「考え」とは何かを理解する。ただし、頭でわかっているだけでは十分ではありません。従業員皆が心からその考えを信じることが必要です。

企業の場合、この「考え」こそがパーパスとなります。パーパスのムーブメントを起こすには、パーパスの「理解」をつくり出し、深めることが必要です。また、心からのパーパスへの「信頼」を醸成していく必要があります。

このようにパーパスへの深い「理解」と強い「信頼」ができて初めて、従業員が自ら積極的にパーパスを意思決定と行動に取り入れるようになります。

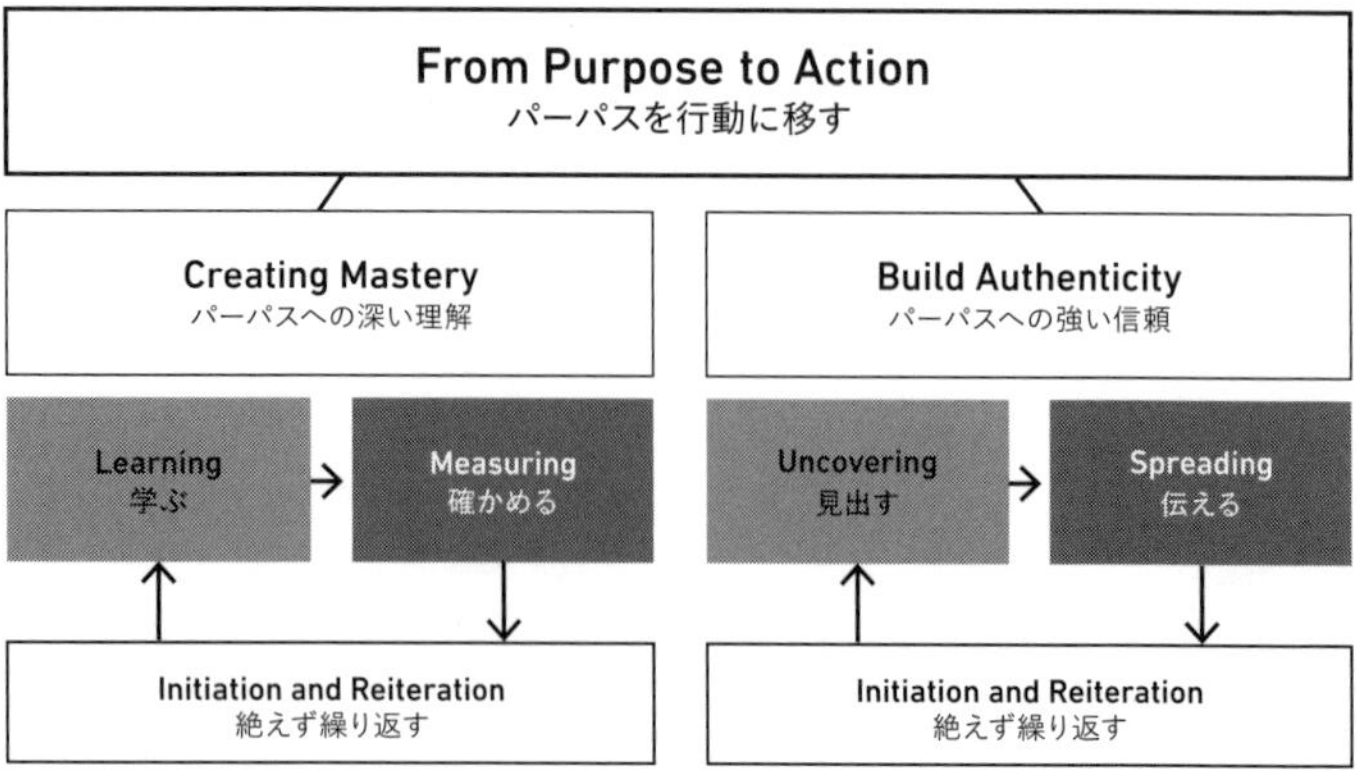

パーパスの正しい理解は、「学ぶ」「確かめる」

パーパスの本質的な意味やその重要性が理解されるようになるまでには、2つの事柄があります。その組織が掲げるパーパスを正しく「学ぶ」こと。そして、きちんと習得されているかどうかを「確かめる」ことです。

「学ぶ」では、パーパス導入の狙い、策定の背景、ステートメントという短文に込められた想い、使われた単語の意図、言語化におけるこだわりなどを共有することで、深い理解につなげます。パーパスの社内発表やイントラサイトの公開を通じて全従業員にパーパスの存在を知らせることにはじまり、パーパスの理解に特化した研修やワークショップの新たな導入、既存の研修のリデザインなどが考えられます。

一方、「確かめる」では、浸透というと浸透度合いの測定方法やKPIなどの数値化に議論が行きがちですが、通常業務を含むあらゆる場面で、パーパスの理解が正しいか、パーパスの視点を持てているか、その判断はパーパスに沿っているか、ということを理解し確認することが大切です。

パーパスへの強い信頼は、「見出す」「伝える」

全体的にパーパスを信じている状態を実現するために、こちらも2つの重要な取り組みの視点があります。このパーパスは本当だという事実を「見出す」こと。そして、見出したことを社内外に「伝える」ことです。

「見出す」では、実在するストーリーやエピソードを見つけること。または、新たな事例をつくり出すことなどがあります。ここでのポイントは、パーパスをいかに証明することができるかです。具体的な施策といえば、実際の仕事やプロジェクトをパーパスの視点で省察する特殊なワークショップや、パーパスに導かれた象徴的なプロジェクトを行います。

また、「伝える」では、現実に起こったパーパスに基づく判断や行動を、広く社内外に共有します。そうして、パーパスが本当に自分たちにとって意味のあるものとなり、さらに新たなパーパスに基づく判断や行動が創出されていきます。

ここでは最後に、「学ぶ（Learning）」と「確かめる（Measuring）」「見出す（Uncovering）」と「伝える（Spreading）」はそれぞれ、孤立するものではないということを付け加えておきます。これらはそれぞれ、組み合わせることが可能で、例えば、パーパスに基づいた実績を表彰するような施策は、「見出す」と「伝える」の組み合わせと言えるでしょう。または、「学ぶ」ためのパーパス説明動画を社内の人間に「伝える」という組み合わせも可能です。

この、「学ぶ（Learning）」と「確かめる（Measuring）」「見出す（Uncovering）」と「伝える（Spreading）」のサイクルを回し続け、さまざまな取り組みを実装していきます。これらの取り組みには終わりはありません。持続的に、社内外に真なるムーブメントを起こしていくことが、パーパスに裏打ちされたブランド価値創出につながっていくのです。

3―ムーブメントを起こすまでのステップ

では、実際に、どのように、ムーブメント（パーパスの浸透）をプランニングするのでしょうか？「原理」はあっても、定石がないのがパーパスの浸透です。その会社ごとに最適な方法を考えることが重要です。そのヒントとして、私たちが行っている、一般的な3ステップを順に説明します。

（1）体制を再編成する
（2）ムーブメント施策を考える
（3）ムーブメント計画の作成

体制を再編成する

最初に、ムーブメント体制を再編成します。

「パーパスの発見」のフェーズの体制は、

Ａ　推進チーム

Ｂ　パーパス・ワークショップのワーキンググループ

でした。

一方「パーパスの浸透」のフェーズの体制は

Ａ　推進チーム

Ｃ　ムーブメント・ワークショップのワーキンググループ

Ｄ　ムーブメント計画作成チーム

のように再編します。

推進チームは、発見フェーズから引き続き浸透フェーズでも同じチームで進めます。推進チームの役割は、その名のとおり、パーパス・プロジェクトの推進、そしてプロジェクトの全体管理です。

ムーブメント・ワークショップのワーキンググループは、ムーブメント・ワークショップに参加する人たちです。このワークショップでは、自社に適合する施策を洗い出し、特定します。

ムーブメント計画作成チームは、推進チームと連携し、ムーブメント計画を作成します。会社にもよりますが、当チームのメンバーは経営企画部、人事、人材開発、総務、広報、ＩＲ、などの部署からそれぞれ担当者を配置します。

体制の編成が終わったら、パーパスムーブメントのフェーズに入る前に、いま一度再編成されたＣとＤのメンバー全員に対してムーブメントに関しての基本的な共通理解を促進することをお勧めします。

そして、視野を広げるために、どのような施策があるか、それぞれの施策のポイントを知ると、実際のプランづくりに役立ちます。私たちは、常に国内外の成功事例や可能性のある施策を分析・分類し、データベース化しています。このデータベースを活用することで、各企業が自社に適した施策を見つけやすくなり、効果的なパーパスの浸透を支援しています。具体的な施策はあとで詳細に述べますが、例として、説明会、対話会、ビデオメッセージ、社内イベント、トレーニングプログラムなどが考えられます。

ムーブメント施策を特定する

いよいよ、自社に適した施策をブレインストーミングし、絞り、計画に落とすステップです。

施策を特定するポイント

私たちはムーブメント施策の計画をつくるために、ムーブメント・ワークショップを実施しています。このワークショップで重要になってくるのは、自分たちで考えるプロセスです。企業にパーパス・ムーブメントが起こっている状態になるためには、自社の社風に基づいた施策を自分たちで考えることが重要です。外部から一律の施策を導入するのではなく、各社の特性や状況に応じてカスタマイズされたアプローチが求められます。そこに従業員が主体的に参加し、自社に最適な施策を見つけることが、パーパスの効果的な浸透につながります。何事もそうですが、押し付けられた施策は活きてこないことが多いです。

ワークショップの流れ

私たちが実施するムーブメント・ワークショップの回数や詳細プログラムは、企業の組織に合った方法でカスタマイズされるため、決まった型というものはありませんが、基本的な流れは次のようになります。

このワークショップの最終アウトプットは3つあります。

1　実施する施策の一覧及び詳細の素案

ワークショップの流れ

	ワーク	詳細
1	アイデア出し	従業員やワーキングメンバーが一堂に会し、自社のこれまでの施策や取り組みを振り返り、アイデアを出し合います。
2	事例を学ぶ	他社事例を学び、そこから自社にも応用できる取り組みを見出して採用します。
3	シェア	グループにわかれて、各自が考えるパーパス浸透のためのアイデアや課題についてシェアし、ディスカッションを行います。
4	選定その1 （評価）	自社にあってるか、皆がワクワクするか……など出てきたアイデアに対して評価・採点をし、選定をします。
5	選定その2 （難易度と重要度）	難易度と重要度のマトリックス図に当てはめて、どの施策が実行しやすいのか、そうでないのかと、どの施策が重要度が高いのか、そうでないのかを、仕分けをして、選別します。
6	ロードマップ素案作成	出たアイデアや施策を整理し、浸透施策を具体的なプランに落とし込んでいきます。優先度、難易度、活動主体、大まかな予算、適切な時期などの視点での整理を行った上で、スケジュール化します。
7	精緻	中でもやるべき施策を絞り、そのアイデアを精緻化して、そのアイデアの実現に関わる部門や担当者に説明できるための、オリエン・シートにします。
8	オリエン・シートの シェア	つくったオリエン・シートを発表します。

2　オリエン・シート一式
3　ロードマップ素案
これらのアウトプットが、ムーブメントの計画の概要を担うことになります。

ムーブメント計画の作成

次に、ムーブメント計画を作成します。この計画は、パーパスのムーブメント推進において、全従業員が共通の目標に向かって進むための指針となります。

ムーブメント計画には、3つの部分があります。
1　施策リスト
2　長期ロードマップ
3　短期ロードマップ

計画作成の体制

続いて、計画の作成時の体制について説明します。計画の作成は、推進チームを中心に、必要に応じて次のような部門（以下は例です）を巻き込んで行います。

・経営企画　企業全体の戦略と整合性を持たせるための調整を行います。
・人事　従業員の教育やエンゲージメント施策の計画をサポートします。
・総務　施策実行のためのリソース管理や調整を行います。
・広報・宣伝　社外向け施策の広報活動を計画し、パーパスの社外浸透を支援します。
・ＩＲ　株主とのコミュニケーションの計画、実行を図ります。統合報告書などのメディアを通じてもパーパスを謳っていきます。

計画の経営陣への共有と協力依頼

計画が完成したら、担当役員から承認を得た上で、経営陣にシェアし、協力を仰ぎます。経営会議などで発表し、パーパス・ムーブメントは全社ごとである、という認識を持ってもらうよう、以下のように進めます。

・プレゼンテーション
経営陣に対して計画表の内容をプレゼンテーションし、各施策の目的や期待される効果を説明します。必要に応じて、社長や関連部署などの担当役員には事前に確認を取っておくと、プレゼンテーションの場がスムーズに進みます。

・フィードバックの収集

経営陣からのフィードバックを収集し、必要に応じて計画表を修正します。フィードバックは、プレゼンテーションの場で行われることもありますし、その後個別にもらうこともあります。できるだけ、こまめなコミュニケーションを取って理解を得られるように進めます。

・協力依頼

計画の実行に向けた経営陣の協力を正式に依頼し、全社的なサポート体制を確立します。日々の業務がある中でのパーパス・ムーブメントですから、みんなが納得して協力してくれるか、これが大きなポイントです。会社をあげて取り組むことで、さらなる成長が見込まれることを理解、納得してもらえ、協力してもらえると、大きな流れをつくっていけるのです。

次に計画にある施策リストとロードマップについて説明します。

4―ムーブメント施策リストの作成

ワークショップで出てきた施策の素案とオリエン・シートをもとに、再度整理し、分類し、詳細化し、施策リストを作成します。

施策の整理

ワークショップで出た施策のアイデアから、似ているものは一つに整理した上で、実現可能なもの、優先度の高いものを選定していきます。この段階だと、あれもこれもやりたい、という衝動に駆られがちですが、詰め込みすぎると「実施すること」自体が目的になってしまったり、従業員皆が疲弊してしまうこともあるので、確実にできる範囲で設定すると良いでしょう。

逆に、進めることに難しさを感じてしまい決めきれないような場合には、既存で行なっている施策に絞り込むことも良い考え方です。例えば、トップからのメッセージ発信や、タウンホールミーティングを中心に組み立てを行うとやりやすいかもしれません。リーダーである社長のコミットメントは、プロジェクトの成果に大きく関わってきます。

施策の分類

施策案を「学ぶ」「確かめる」「見出す」「伝える」に分類し、全体で見た際、偏りや漏れがあるかどうかを確認します。

分類する過程で、社内向け、社外向けも記載します。

・社内向け施策の例：従業員教育プログラム、内部コミュニケーションの強化、従業員のエンゲージメント向上施策など
・社外向け施策：顧客向けキャンペーン、CSR活動、パートナーシップの構築、広報活動など

社内外に向けて、同時期に同じ施策を行うこともあります。例えば新聞広告は一見、社外のお客さま、株主、地域住民に向けてのアプローチに見えますが、実は従業員に向けたインパクトのある施策になります。自社らしさのある良いクリエイティブの広告を目にした従業員のモチベーションのアップにつながるでしょう。

施策リストの項目

企業によって異なりますが、この施策リストの共通項目は、

・施策の目的
・施策のアイデアの概要
・ターゲット（従業員、投資家、顧客など）
・時期
・ツール（ブック、ウェブサイトなど）
・担当者、あるいは担当部署
・関係者や関係部署
・連動する他の施策

があります。

5 ― ムーブメント・ロードマップの作成

ワークショップからのロードマップ素案とこれまでに説明した施策リストと合わせて、長期（3ヶ年）と短期（1ヶ年）のロードマップを作成します。

この2つのロードマップは、施策リストと同様に、「学ぶ」「確かめる」「見出す」「伝える」のカテゴリーで施策を整理し、時間軸でマッピングするものです。これには2つのメリットがあります。

1. 施策の関連性
「学ぶ」「確かめる」「見出す」「伝える」という文脈で、それぞれの施策の位置づけと関連性が視覚的にわかること。

2. 時間軸と浸透段階の把握
視覚的に、時間軸で施策を鳥瞰できること。各活動の開始時期と終了時期が一目でわかるように視認性を重視しています。また、時間軸に合わせて、それぞれの期間は、浸透のサイクルにおけるどの段階にいるかにもマッピングします。

そのために、ロードマップでの縦軸は、「学ぶ」「確かめる」「見出す」「伝える」となり、横軸が時間軸と浸透段階になります。

ロードマップの使い方

視覚的に状況を把握できるこのロードマップは、進捗の確認に役立ちます。定期的な進捗確認と施策の効果の評価を通じて、施策が順調に進んでいるかをチェックします。物事はすべて順調にいくわけではないので、必要に応じて計画とロードマップを見直し、柔軟に対応できるようにしておきます。

施策リストとロードマップが揃ったら、ムーブメント計画が完成になります。いよいよ実行に移ります。ムーブメントの形成に向かって、それぞれの部署が実務として、実行していきます。

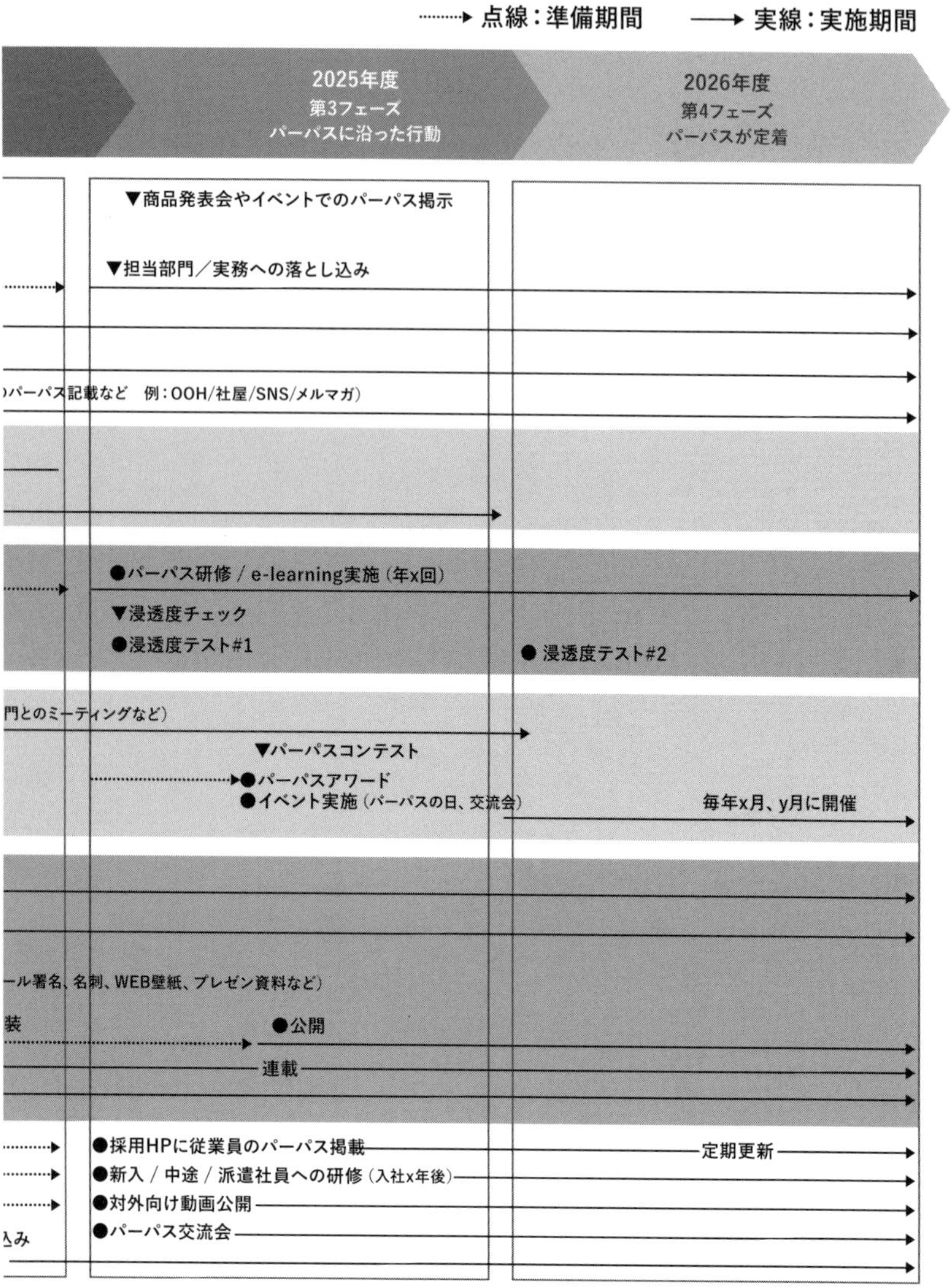
点線：準備期間
実線：実施期間
2025年度
第3フェーズ
パーパスに沿った行動
2026年度
第4フェーズ
パーパスが定着
▼商品発表会やイベントでのパーパス掲示
▼担当部門／実務への落とし込み
)パーパス記載など 例：OOH/社屋/SNS/メルマガ)
●パーパス研修 / e-learning実施（年x回）
▼浸透度チェック
●浸透度テスト#1
● 浸透度テスト#2
門とのミーティングなど)
▼パーパスコンテスト
●パーパスアワード
●イベント実施（パーパスの日、交流会）
毎年x月、y月に開催
ール署名、名刺、WEB壁紙、プレゼン資料など)
装
●公開
連載
●採用HPに従業員のパーパス掲載
定期更新
●新入 / 中途 / 派遣社員への研修（入社x年後）
●対外向け動画公開
込み
●パーパス交流会

長期(3ヶ年)ロードマップ(A社の場合)

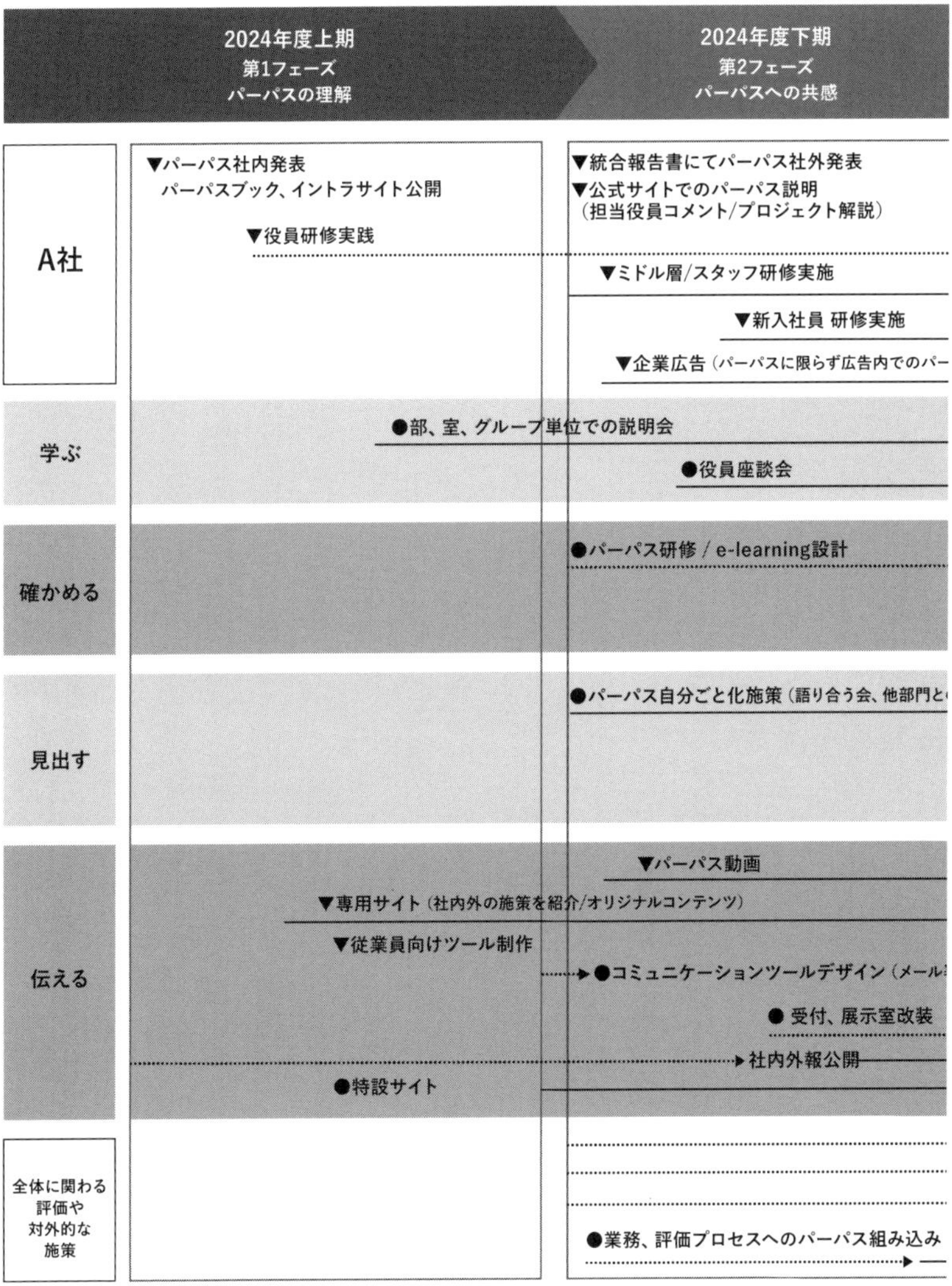

2024年度上期
第1フェーズ
パーパスの理解
2024年度下期
第2フェーズ
パーパスへの共感
A社
▼パーパス社内発表
パーパスブック、イントラサイト公開
▼役員研修実践
▼統合報告書にてパーパス社外発表
▼公式サイトでのパーパス説明
(担当役員コメント/プロジェクト解説)
▼ミドル層/スタッフ研修実施
▼新入社員 研修実施
▼企業広告(パーパスに限らず広告内でのパー
学ぶ
●部、室、グループ単位での説明会
●役員座談会
確かめる
●パーパス研修 / e-learning設計
見出す
●パーパス自分ごと化施策(語り合う会、他部門と
伝える
▼パーパス動画
▼専用サイト(社内外の施策を紹介/オリジナルコンテンツ)
▼従業員向けツール制作
●コミュニケーションツールデザイン(メール
● 受付、展示室改装
社内外報公開
●特設サイト
全体に関わる
評価や
対外的な
施策
●業務、評価プロセスへのパーパス組み込み

6 ― ムーブメントをプランニングするポイント

自社に合った最善のやり方を探す

効果的なムーブメント・プランには、前でも述べた通り、自分たちで自社に合った最適なムーブメント・プランを考えてもらうことにあります。プランは各社異なるものであり、会社によって向き不向きや、できることが異なります。これとこれをやっておけばよいというようなデフォルトは存在せず、また、他社がやっているからやればよいということでもなく、自社に合った最善のやり方を自分たちで考えていくところに意義があるのです。

策定時こそ浸透の絶好のチャンス

パーパスを策定してから、浸透を考え始める企業が多いのですが、策定時に熱量と勢いが必ず出てくるので、ぜひそれを活かしましょう。従業員から湧いた熱量と勢いは、浸透を加速します。パーパスを策定した先、どうしたら良いのか、打ち手がわからず、ずるずると間延びしてしまうのは絶好のチャンスを逃すことにもなりかねません。パーパス策定の熱が温まっているうちにこそ、社内の人を巻き込み、色々な活動を広げる計画を立て、実施に移していくことがとても重要です。

私たちがパーパス策定をお手伝いする際には、策定段階で企業と共にムーブメントをプランニングしはじめることがほとんどです。前述のムーブメント・ワークショップは、パーパスの策定が終わる前に実施してしまうケースも多くあります。

ムーブメントを起こすためのヒント

アメリカの起業家で、作家でもあるデレク・シヴァーズが、2010年にムーブメントの起こし方について講演したTEDトークの動画をご紹介しましょう。このスピーチで彼はまず、野外フェスで一人のダンサーが踊っている映像を見せます。

ダンサーは一人で踊り始めます。しばらくすると、最初のフォロワーが加わり、即興デュオを結成して踊り続けます。シヴァーズはこの観察において重要なことを指摘します。

「ムーブメントは、公でなければならず、その際にはリーダーだけでなく、フォロワーを見せることが重要だ。次に続いてくれるフォロワーは、リーダーではなく、フォロワーをまねしていくからだ」

映像では、徐々に多くのフォロワーがパーティーに加わり、大群衆が形成されていきます。こうして、ムーブメントに火がつくのです。

最初のフォロワーたち（パーパスを深く理解し信じている人）を特定し、発信できるプラットフォームを与え、ムーブメントを公にして見せていく、ここに、パーパスのムーブメントを起こしていくヒントがあります。

このダンス映像からのシヴァーズの話は、組織のパーパスを活性化させる方法について、2つの重要な学びを与えてくれています。

1 まずリーダー自身が踊ってみせ、実践するということ

パーパスの活性化という文脈で言えば、リーダーは組織のパーパスを伝え続けなければいけません。そして、リーダーがその言葉を実践することです。リーダーの意思決定と行動はパーパスに沿ったものでなければならないのです。

2 舞台で踊れる機会をフォロワーにも提供すること

ムーブメントを起こすために、フォロワーがダンスに参加でき、踊りを披露できる舞台が意図的に提供されています。つまり、パーパスについての彼らの解釈やストーリーについて語る機会と場所（例：ワークショップ、社内報、映像など）を、意図的につくってあげることなのです。

第5章

ムーブメント施策

1　ムーブメントは4つの視点で考える

それでは、ムーブメントの4種類（学ぶ・確かめる・見出す・伝える）について、それぞれどんな施策ができるのかについて見ていきましょう。これから挙げる施策は、完全に分類されているというよりも、複数の目的を兼ねることもあります。

1　学ぶ

「学び」施策の構成要素

「学び」の代表的な施策を紹介する前に、「学び」施策の構成要素について説明します。この構成要素は、「学び」施策を策定する時の重要な決定事項とも言えるもので、4つの要素があります。

・何を学ぶ
・何から／誰から学ぶ
・どのように学ぶ

・誰が学ぶ

何を学ぶ

学ぶものとして、大きく2つがあります。

・企業パーパスの概念：ここでは、パーパスとは何か、そしてなぜビジネスにおいて重要なのかを理解します。

・自社のパーパスについて：ここでは、主に3つのことを理解しなければなりません。

○パーパス策定の経緯

○策定したパーパスの意味

○従業員自身のパーパスを実践する方法

何から／誰から学ぶ

次は、何から、また誰から学ぶという視点になります。大きく2つの種類があります。

・物から学ぶ：代表例は、本や動画です。

・人から学ぶ：例えば、経営層が自らいろいろな場でパーパスを説明し、発信します。

どのように学ぶ

この要素にも大きく2つの種類があります。

・受講型：情報が一方方向で流れるスタイルです。例えば、動画、ウェビナーや説明など。

・参加型：ワークショップは代表的な例となります。

誰が学ぶ

最後の要素ですが、学ぶ対象について大きく2つの視点があります。組織の階層と一度に学ぶ人数になります。

・組織の階層：どの階層が学ぶ対象にするかという視点になります。「カスケード方式」のアプローチがよくあります。この場合はまず経営層から、例えばワークショップの形で新しいパーパスの理解を深めます。次に、管理職層が経営層から学びます。最後に、管理職層が現場に教えます。

・一度に学ぶ人数：参加者の人数も色々なパターンがあります。個人（例：自主ワーク）／ペア／～5人／～30人／多人数

「誰が学ぶ」の内容を、「どのように学ぶ」に入れるか検討します。

それでは、代表的な「学ぶ」の施策を紹介します。

■経営層からの対話やメッセージ発信

初期の段階において重要なのはトップマネジメント層からの働きかけで、タウンホールミーティングやパーパス説明動画などです。経営陣が自らパーパスについて説明し、時には対話し、本気度を伝えながら、組織への理解を促します。パーパスそのものは短い文章に収まっていても、そこに込められた意味や解釈を自らの言葉で説明し、従業員に伝えて理解してもらうことが重要です。

■タウンホールミーティング

従業員が集まり、経営陣自らパーパスについての考えを説明・共有する場です。パーパス策定の目的や経緯、今後の浸透計画やそれに基づいた戦略などを詳細に説明します。場合によりQ&Aを実施して理解を深めます。タウンホールミーティングについては、一回話すだけではなく、いろんな階層で、いろんな場所で、繰り返し行って対話形式で進めていくことが重要です。例えば、パーパス策定の初年度は、社長自らが語るタウンホールミーティングを40～50回にわたって各所・各部門で行い、次年度は統轄役員がそれぞれ同じことをさらに多い回数で行い、3～4年目はそこからさらに枝分かれして広げていきつつ、初年度に行った内容も繰り返していく。こうした継続性を見込んでこそ、パーパスが実際に実現されていく可能性を帯びてくると言えます。また、タウンホールミーティングで、社長が実際に現場で見かけたパーパス・エピソードを社内に伝えるというようなことができてくると、一層の加速を見せます。

■説明会

さらに部門単位、室単位、グループ単位などで、経営層または上司からのパーパスについての説明会を実施してQ＆Aなども受け付けます。この施策は、初年度でパーパスの理解のために、「学ぶ」として位置づけされていますが、それ以降は、「見出す」と「伝える」の施策として位置づけすることも可能です。

■リーダーによるパーパス説明動画の配信

経営陣が、パーパスに関する説明、解釈、体験などを自らの言葉で語った動画を発信していきます。もちろんタウンホールミーティングのように直接対話できる場が設けられればそれが理想的ですが、地方や海外支社など、経営層がすぐに出向くことが容易でない拠点に向けての発信としてはこの形が多く採られます。また動画を制作する過程において、経営陣が自らのパーパスの理解を深め、自分ごと化し、社内外を含む他者への説明力を高めることができます。初回は社長自らが、その後は、各役員がリレー形式で行うというように継続的につなげていく施策にすることもできます。

例：各経営陣が自分ごと化して自社のパーパスを語る

・ツール：ビデオメッセージ
・時間：1名1回3分程度
・配信頻度：月に1名〜2名ずつ、最初の1回〜3回は社長が集中的に実施
・配信場所：イントラネット、共有スペースでの放映など

さらに、あらゆる判断と行動の基準がパーパスにあることを体現できる会社にするためには、役員同士がパーパスを基点に議論する文化を醸成していく必要があります。そこで開催するのが、「経営陣ワークショップ」を筆頭とした、経営層への研修です。

■経営陣ワークショップ

「パーパスを基点に全社一丸となって進むこと」、この大目的を達成するために、役員のパーパスの自分ごと化を進めます。そのために、まず行うのが「経営陣ワークショップ」です。

これは、
・パーパスに基づいて自由闊達に意見を交換し、連携しあえるリーダー層の関係をつくる
・パーパスの本質的な理解を深め、その体現者として社内外に発信・説明ができるようになる
・パーパスドリブンな組織を率いるリーダーのあり方と向き合い、実践に向かうマインドセットを整える
ことを目指します。

経営陣ワークショップの内容の例として、次のようなものがあります。

1　自らの行動変容を宣言

〝パーパスを意識して〟仕事をする際に、自分はどう変わっていくべきか。また、自分の行動変容によって組織や部署、会社に対するお客さまや外部からの見られ方はどう変わるかなどを考えます。最後に宣言ブックや写真など形に残るように、考えを整理し宣言します。

2　パーパス浸透調査結果をもとにディスカッション

パーパスの浸透度を測る調査結果をもとに、具体的な施策を考えます。ミドルマネジメント層以上が会社全体のことを考える機会を持ち、自らの担当、立場を離れて、フラットにお互

いの考え方を聴く経験をしていきます。自分が担当・管掌していない分野についても考えを巡らせ、そうした分野に意見を述べたりアドバイスをしたりできる機会をつくります。

さらに、経営者ワークショップ参加のあとは、参加した経営層自らがファシリテーターとなって、部下へのワークショップを実施してもらいます。それにより、パーパスの重要性をより深く理解するとともに、部下の行動変容に責任を持つことができるようになります。そうして、そこで参加した部下が、さらにファシリテーターとなって進められるような循環をつくっていきます。このあとの浸透施策を続けていくにあたり、外部に依頼せずとも自分たちで開催ができるように、ノウハウやツール、仕組みが大事になってきます（トレーナーをトレーニングするための教材、運営マニュアル、模擬練習など）。詳しくは後述の「トレーナーズ・トレーニング」で述べます。

経営陣ワークショップを開催する前に、宿題形式で、事前にパーパスに関する課題に取り組み、その宿題を持ち寄った上でワークショップに臨むと、より効果的に進みます。忙しい管理職レベルのメンバーが一堂に集まる貴重な時間を無駄にしないためにも、各自で事前に取り組んでもらうことは大変有効です。

トップがパーパスについて語った動画の再生二次元バーコードやリンクなども盛り込んでインタラクティブに進めてもらう宿題をキットとして配布します。

具体的な中身の例としては、

1　パーパスが現代社会においてなぜ必要とされているか、パーパスを軸に、会社を変革していくにはどうしたら良いのかの説明
2　パーパスが自社になぜ必要となったか、策定の背景（トップの説明動画とリンク）
3　自社のパーパスの説明と読み解き（トップまたは策定担当者の説明動画とリンク、読み解き資料、パーパス動画など）
4　セルフワーク①自社のパーパスを、自らの言葉で説明してもらうような課題
5　セルフワーク②自社のパーパスを自分ごと化するための内省課題（自分と会社の歴史を振り返る、「あなたにとって○○とは」パーパスのキーワードについて考える、どうやったらパーパスが実現するかを考える、そのために挑戦できることを考える）

■部門長ワークショップ

部門長が横断で集まってパーパスについての理解を深め自分ごと化できるようなワークショップを開催します。先にご説明した経営陣ワークショップと内容は似たものでも、違いとしては各自が自部門に結びつけてパーパスを考えていくことで、具体性をより深めていきます。また、参加した部門長がさらに同様のワークショップを自分の部門で行うことができるようにするために、ツール化・仕組み化して部下へ伝えやすくしていく必要があります。

ワークショップを各自で開催できるようにするため、ファシリテーター（参加した部門長）へのトレーニングがより必要となってくるのがこのフェーズです。各部門で行われた内容や理解度アンケートを推進チームでデータベース化したり、難しい質問についての適切な解答のヒントなど、ナレッジ化、ノウハウ化をして、マニュアルやQ&A集にまとめて教材をつくり上げていきます。枝分かれしてワークショップが展開されていく際にも、質を保てるような仕組みが必須です。

■トレーナーズ・トレーニング

パーパス実践へ結びつけるために（常にパーパスを軸に判断できるようにするために）、これらのワークショップは継続的に実施し続ける必要があります。多くの組織では、パーパス策定から、浸透フェーズに移り浸透を実践していく際に外部の協力会社や、社内の専門チームの協力を得て、ファシリテーションを含むワークショップ運営を任せてしまっているケースがあります。そのため、まずは以下のことを行い、各組織で独自に、継続的に実施できるための準備をします。

・実施チームの形成
・実施チームのために研修を実施
・ワークショップ内容をカスタマイズ（使用する事例選定など）
・パイロットワークショップの実施

■自己学習キット

部門によっては、交代シフト制での現場勤務などがメインで、働いている方々が一堂に会して研修することが難しい場合があります。しかしそういう場合であっても、パーパスは浸透させるために、負担が少なく実施できる仕組みが必要です。そこで自己学習キットのようなツールで、各自が取り組める時間で、パーパスについて学び理解し自分ごと化を図ります。こちらは、個々で取り組めるキットの場合もあれば、同じ現場で時間を合わせられるスモールグループで行えるキットの場合もあります。いずれの場合も、内容は、自社のパーパスへの理解を深め、自分の言葉で社内外に伝えられるようになるために設計されたものです。

■パーパス・ブック

パーパスについて、わかりやすく説明した理解浸透のための解説付きハンドブックがパーパス・ブックです。社内の関係者全員に配布する最も基本的なツールです。パーパスに加え、パーパスの定義、ステートメント、ビジョン、ミッション、バリューズの解説、大切にすべき考え方など、ブランド理解にとって重要な要素で構成します。

読み解きの必要性

パーパスの深い理解とは、その組織の明文化・言語化されたパーパスの意味、そして、その背景にあるものを正しくわかっている、ということです。そのため、私たちは、パーパス・ブックに「読み解き」を必ずつけるようにしています（P.170参照）。

これは、初めてそのパーパスを目にする人にとっても、文言が理解しやすいよう促すものです。従業員をはじめとして、ステークホルダーは入れ替わります。どんな人が読んだ時にも、正しくパーパスを理解するために、この「読み解き」をブックに入れています。

セブン銀行のパーパスとその読み解き

セブン銀行が創業以来大切にしてきた、「お客さまの立場に立って」という価値観。お客さまの「想い」にしっかり向き合うことから始まる、セブン銀行の企業姿勢。決意。ここでは、「あったらいいな」というお客さまの言葉で表記することで、私たちが行動の「基点」とする「お客さまの想い」を、より具体的に、ありありと表現しています。

お客さまの「あったらいいな」を超えて、

- お客さまの現在の「あったらいいな」（顕在化している望み、願い）だけでなく、その奥に潜在している想いにまでより深く向き合おう、という意図を込めた「超えて」。
- 同時に、お客さまの「あったらいいな」を具体化するにとどまらず、その想いの本質を捉え、お客さまが期待される以上の商品やサービスの実現に挑戦しよう、という意図を込めた「超えて」でもあります。

誰よりもお客さまのいちばん「近く」で、まさにお客さまの「日常」の中に便利をお届けしたい。こうした想いを込めた言葉です。「未来の日常」ではなく、「日常の未来」。お客さまの普段の生活に根ざし、そこに「未来」と言える新しい価値を生みだしていきたい、との想いを込めています。

日常の未来を生みだし続ける。

人の後追いではなく、独自性のある、新しいものを創りだしていくこと。そして、一つ創って満足することなく、お客さまの「あったらいいな」のあるところ、その実現へ継続して挑み続けること。そうした決意を表明しています。

■パーパス・ムービー

パーパスについて学ぶためにはとても有効なツールの一つが動画です。パーパスの理解・共感を促進するために社内に向けて公開します。内容や制作の仕方によって、社外にも発信することが可能です。自分たちが考えてきたことを多くの人に伝えることができるツールです。

こちらについて詳しくは、P.188の「伝える」の箇所で詳しく説明します。

■その他の「学ぶ」施策例

・パーパス策定記念講演会
・新入社員・中途入社の従業員研修向けパーパス説明会と研修
・経営陣によるセミナー
・パーパス合宿
・外部講師を招いた研修や講演
・パーパス・アンバサダーの設置
・パーパス・カードの携帯

2　確かめる

「確かめる」施策の構成要素

「確かめる」施策の構成要素について説明します。この構成要素は、「確かめる」施策を策定する時の重要な決定事項とも言えるもので、４つの要素があります。

・何を確かめる
・どのように確かめる
・誰が確かめる
・確かめた結果をどのように使う

何を確かめる

確かめることは、大きく3つあります。詳細は次の施策の中で説明します。

・パーパスの浸透サイクル段階と進捗
・従業員のパーパスに対する向き合い方
・個人が働く意義を見出している要素

どのように確かめる

確かめるための情報源として、定量と定性の２つの視点があります。定量であれば、全従業員に対するアンケート調査が挙げられます。定性であれば、１on１、グループインタビューの手法があります。また、従業員が自身の行動やアウトプットをパーパス視点で評価をつける手法もあります。

誰が確かめる

「確かめる」を行う担当は誰になるかという要素です。視点は２つあります。一つ目は、階層になります。例えば、経営層が自ら調査結果を見て、ロードマップを修正します。または、個人レベルで、自分の仕事を振り返り、パーパスに据えた行動ができたかどうかを自己評価します。

２つ目は、部署、または組織の機能という視点です。一般的に、経営企画、広報、人事のような既存の部署が施策をリードします。また、海外では、パーパスを推進するためのChief Purpose Officerといった役職を設置する例もあります。

確かめた結果をどのように使う

最後の要素ですが、どのように「確かめる」施策からのアウトプットを使うかという視点です。大前提は、組織としてパーパス・ドリブンを実現できているかどうか、それ次第では、自社の取り組みすべて、経営そのものも見直すことになりますが、まずは施策の形態を工夫して見直していきます。例えば、よりインタラクティブな施策であれば、「学ぶ」施策の一つである経営陣ワークショップ。経営層が自ら調査結果を議論し、自社の戦略を見直したり、ムーブメント計画を修正したりします。

それでは、代表的な施策を紹介します。

■パーパス浸透度調査

組織が今、パーパスの浸透サイクルのどの段階（理解、共感、行動、定着）にいるのかを把握するための意識調査です。この調査を、どのように実施するかがポイントです。

一番考慮すべきは、従業員への負荷です。組織によってはすでにたくさんの社内調査を実施しているケースが多くあり、そのような場合に、さらにパーパス浸透度調査を加えると、従業員からは負荷が大きいと感じるかもしれません。そのような場合はまず、既存の調査の設計や質問項目に少し手を加えるかたちで実施できないか、検討します。

独立のパーパス浸透度調査を実施することが可能な場合、その調査設計は従業員への負荷を最小限として設計することがポイントです。私たちの調査では2つをベースにしています。

1　パーパスの浸透サイクルにおける現在地を知る

既存の調査に加えても、独立の調査を実施しても、私たちのパーパス浸透度調査の内容はおおむね変わることなく、第4章の冒頭で説明したパーパスの浸透サイクルの中における現在地を把握することができます。具体的には、パーパスの認知度、理解度、実践度などを評価し、組織全体にどの程度パーパスが理解され、共感され、行動されているかを知ることが可能です。これにより、パーパスがどの部署や役職において特に浸透しているのか、またどこで改善が必要かが明らかになります。

この調査では、組織の従業員の、企業のパーパスにおける考え方と価値観についても把握することができます。つまり、企業の中の何割の従業員が、企業のパーパスを大切にし、そのパーパスの実現を求めているかがわかります。このように、組織がパーパス・ドリブンになるための指標を示す調査を実施し、現状を把握しながら施策をプランしていくと良いでしょう。

です。

2 従業員のパーパスに対する向き合い方

調査を通じて、従業員一人ひとりがパーパスに対してどのように向き合い、実際の業務にどのように反映しているかも明らかにすることができます。パーパスへの認識や実践に関する従業員の態度や行動を分析することで、自社の組織文化にふさわしい効果的な浸透施策の組み立てがわかります。この情報は、パーパス浸透のための具体的な施策を立案する際に非常に有用です。

■マイ・パーパス・アセスメント

近年パーパス策定済み企業の多くは、従業員個人がそれぞれ持つ〝個人のパーパス〟つまり「マイ・パーパス」と、企業のパーパスをどう重ね合わせていくべきかを、考えあぐねています。個々の人が「マイ・パーパス」について語る時、内容はプライベートライフ、ワーキングライフ、または両方など、それぞれ異なる意味・形を持ちます。さらに、個人が働く意義を見出している要素（社会貢献、自己実現、ワークライフバランス等）も異なります。そのため、企業が自社のパーパスを活性化するためには、働くことへの意義づけ（従業員の「マイ・パーパス」）の違いと傾向を理解し、それぞれの組織に適したアプローチを取ることが重要です。

自社内での「マイ・パーパス」の現状を把握したい企業に向けて、私たちは「マイ・パーパス・アセスメント」という調査を実施しています。この調査を行うことで、企業の組織内における「マイ・パーパス」のタイプ構成が明確になり、組織のエンゲージメントや理念の浸透をより効果的に推進することができるようになります（マイ・パーパスの詳細については、第6章をご覧ください）。

■その他の「確かめる」施策

・人事評価へのパーパス項目追加
・経営者合宿や役員会での確認
・パーパス策定の際のリサーチの段階でヒアリングをしたステークホルダーやアナリストなどに自社が変わったかどうかインタビューを実施

3　見出す

「見出す」施策の構成要素

「見出す」施策の構成要素について説明します。この構成要素は、「見出す」施策を策定する時の重要な決定事項とも言えるもので、4つの要素があります。

・何を見出す
・どのように見出す
・誰が見出す
・見出した結果をどのように使う

何を見出す

新たなパーパスに基づく判断や行動が創出できるよう、見出すものは、大きく3つあります。

・すでに存在するパーパスの実践例を見出す
・新たなパーパスの実践例をつくり出す
・従業員自身の業務とパーパスとのつながりを見出す

どのように見出す

「見出す」のやり方をどのように行うか。役立つ視点は、組織の単位になります。つまり、全社か部署か個人かという単位で施策を検討します。全社であれば、例えば、全社からパーパスの実践例を募集します。部署単位であれば、部署で自身の業務とパーパスのつながりを考えるワークショップを実施します。また、個人単位の場合、自主ワークという方法もあります。

誰が見出す

「見出す」を行う人を決めるには、組織の横と縦の視点を考慮する必要があります。例えば、ワークショップを実施する場合、同じ部署で実施するか、部署を横断したチームで実施するかを決めなければなりません。また、縦の視点ですと、参加者の役職の幅を検討します。現場の人たちを集めるワークショップもあれば、経営層も巻き込んだものもあります。

見出した結果をどのように使う

せっかく見出した知見はぜひ活かし、社内外に広めたいものです。研修や教材の内容として使い、「学ぶ」と連動することができます。また、多くはぜひ「伝える」とセットで考えると良いでしょう。そして社内か、社外か、両方か、伝える対象と伝え方を決めます。「伝える」について、詳しくは後ほど説明します。

それでは、代表的な施策を紹介します。

■解剖会

業務をパーパス視点で振り返るワークショップ型の研修「解剖会ワークショップ」は、実際の仕事やプロジェクトを、パーパスの視点でリフレクション（省察）を行うことで、パーパスを内化させていくユニークなワークショップです。部門内または部門横断、年次や役職の組み合わせ方など、状況に合わせて対象者をカスタマイズして行います。業務改善は、言うまでもなく実際に日々取り組んでいると思いますが、さまざまな制約の中で判断を迫られています。解剖会では、それらの制約を一旦外してみると、本当のところはどうすべきだったのか、パーパスに基づいた判断・行動ができていたのか、ということを仲間と対話し、共有する場です。その積み重ねが個人の意識を変えていきます。また、組織が本当にパーパスを大切にしていることを伝えていくことでも、実際の業務での判断・行動に変化が現れるのです。改めてパーパスに照らし合わせて考えた時に、どんな判断をするのが最適なのかを考えるものになります。

解剖会ワークショップ種類

プロジェクト型	非プロジェクト型	解釈型
対象 業務がプロジェクト型の従業員 （例：商品開発、 マーケティングなど）	**対象** 業務が非プロジェクト型の従業員 （例：セールス、現場など）	**対象** 全部署対応
内容 一連のワークフローを パーパスの視点で見直す	**内容** 自社でよく起こる 課題や問題をケース化し、 パーパスの視点で見直す	**内容** 部門パーパス（部門ミッション、 部門バリューズ）を策定する

解剖会には3タイプあり、それぞれどう解剖するかの切り口が異なります。

①解釈型：部門・部署など、自部門に当てはめて、パーパスをより具体性のあるものに落とし込めるようにするもの。そこから発展して、各部署・各部門で部門パーパスやミッションを策定したりする場合もあります。

②プロジェクト型：商品開発や、企画部門などに対する解剖会です。過去の商品開発を振り返ってその一連の工程（リサーチ、企画、プロトタイプ、開発、決定、生産、マーケ、アフターフォローなど）をいま一度パーパスの視点で振り返ったときに、それらの工程はパーパスにのっとっていたものだったか？を確認します。例として、「あのとき機能を追加した判断は、きちんと我々のパーパスに沿っていたか？」というような振り返りです。

③非プロジェクト型：現場に近い業務を行う従業員、特に営業、工場、コールセンターなど、日々繰り返しのルーチンワークが

多い従業員を対象に、よく発生する問題や課題をケース化して、それらをパーパスの視点から見直しをします。日々の業務の中で発生する課題や問題点を、パーパスに照らし合わせて考える解剖会。例えば売り場で店長によって判断が違い、難しい選択を迫られるようなケースにおいて、パーパスで照らし合わせるとどういう判断をするか?を現場レベルの皆で議論します。実際にその業務で起こりうるケーススタディをたくさん用意しておいて、チームごとにディスカッションし、さらに皆で発表しながら話し合いをします。

■シグネチャープロジェクト

シグネチャープロジェクトとは、パーパスとは何か?を物理的にわかるようにするような、パーパスを体現するプロジェクトのことです。

ここでは、日本を代表するグローバル企業のシグネチャープロジェクトの例を紹介します。

任天堂のパーパスを基点にしたCSR活動

「娯楽を通じて人々を笑顔にする」が任天堂の理念であり、核です。同社の2015年のCSRレポートを見ると、任天堂はCSR活動を「任天堂に関わるすべての人を笑顔にする活動」と定義しています。彼らのパーパスにある「人々を笑顔にする」ことから派生されたことがわかります。

そして2015年、人気キャラクターのスーパーマリオブラザーズの30周年の取り組みの一環として、同社は米国で、スーパーマリオをテーマとした撮影動画をユーザーから募集するキャンペーンを行いました。投稿する動画は歌でもダンスでも体験談でもOKとされ、それらはユーチューブで公開されました。その動画から得られた広告収入は、任天堂が計画した寄付額に加える仕組みになっているのです。寄付金は、オペレーション・スマイルという国際チャリティーへ贈られました。

オペレーション・スマイルは、途上国にいる口唇裂《こうしんれつ》・口蓋裂《こうがいれつ》という疾患の子どもたちに修復手術の支援をするNPO。この疾患は、唇や口の中の天井にあたる口蓋に、裂け目がある状態で生まれてくる先天性の病気で、口を開いて笑顔を見せることができなかったり、うまく食事ができなかったりしますが、手術により、笑顔を手に入れて普通の人生を送れるようになります。

キャンペーンそのものとCSRが直に、パーパスにある笑顔づくりにつながっていることが理解できる施策です。

■アワード

シグネチャープロジェクトの一つに、アワードがあります。パーパスは決まったけど、実務に落とし込んだ時に、どんなことをやれば良いのか、パーパスと自分の業務の紐付けはどうしたら良いのか、という問いに対する一つの回答です。

パーパスへの信頼を醸成するために、その企業がパーパスに基づいた判断行動している事例をうまく見つけて、これが自社にとって理想的なパーパスの実現であると、みんなに広げて、賞賛するのがアワードです。パーパスドリブン思考で業務を企画、遂行した（している）個人やチームが表彰の対象となります。「パーパスを実現」する具体的な取り組み事例を全社的に共有することで、従業員の自分ごと化を促進し、理解を深めます。アワードで表彰されるプロジェクトやチーム、個人は、パーパスと自分の業務をどう紐づけるのか、パーパスの実現を具体的にどう実践していくのか、伝えていきます。また、お互いにたたえ合ったり、褒め合うことで、社内の意識改革と組織変革も同時に推進され、エンゲージメントの強化にもつながります。

セブン銀行のパーパスアワード

セブン銀行では、２０２３年、２０２４年とパーパスアワードを行っています。日常業務とは離れた会場を借り切って実施。今年は、社外取締役・監査役が最終審査員になりました。審査基準として収益性などいくつかの項目を設けたので、パーパスの実現によって収益が上がっていくビジネス視点のものが上位に入りましたが、社外取締役の方々からビジネス重視以外のもの（小学生への金融啓蒙の出張講座、金融犯罪撲滅運動）にもスポットライトを当てるべきでは？との意見が出て急遽、特別審査員賞が設けられました。２０２４年の方がより精緻化されている印象です。社外取締役の方にもパーパスの理解が促され、審査会後の懇親会にも参加いただいたことで従業員たちとも交流した貴重な機会となりました。

また、アワードとは異なる形でも、パーパスドリブンな取り組みにスポットライトを当てる方法があります。例えば、社内報で連載や企画ページを持って、該当するプロジェクトやチーム、個人を取り上げたり、ノベルティをつくって賞品として渡すことで認知を上げることも可能です。

■その他の「見出す」施策

・社内インフルエンサー推進

・パーパス記念日

4　伝える

「伝える」施策の構成要素

「伝える」施策の構成要素について説明します。この構成要素は、「伝える」施策を策定する時の重要な決定事項とも言えるもので、４つの要素があります。

・何を伝える
・誰に伝える
・どの媒体で伝える
・どのようなクリエイティブで伝える

何を伝える

伝えるものの種類は３つあります。

・「学ぶ」「確かめる」「見出す」に関連するコンテンツとアウトプット
・自社のパーパス
・自社のパーパスに基づいた取り組み

誰に伝える

社内か、社外か、社内外か、どれを対象にしていくかを明確にします。社内は基本的に従業員が対象になります。社外に関して、ステークホルダーはさまざまです。例えば、マス、新卒や転職者、投資家、取引先などがあります。

どの媒体で伝える

媒体に関して、いろいろな切口はありますが、一つのわかりやすい切口は、

・有形や物理的なもの：ブックレット、キット、表彰状など
・無形：動画、デジタルコンテンツ、音声コンテンツなど

どのようなクリエイティブで伝える

最後の要素は、クリエイティブ表現になります。クリエイティブ表現は、メッセージをどのように視覚的、聴覚的、感情的に届けるかに関わる重要な要素です。クリエイティブ表現は大きい分野となりますので、この本では詳しく説明しませんが、自社らしさやブランド・アイデンティティを意識し、進めることが重要です。

それでは、代表的な施策を紹介します。

■パーパス・ムービー

パーパス・ムービーとは、パーパスの考え方やパーパスの実現によってなし得たい世界を描くなど、パーパスに関する動画全般を指します。「1　学ぶ」でも出てくるパーパスの理解を深めるための基本的なツールの一つであり、伝えていくツールでもあります。これは人々の心に訴えかけるものでなければなりません。そのため、そこにはクリエイティブが重要で、クリエイティブの力が大きく寄与します。

パーパスは、ワクワクするものでなければなりません。それを実現するためにも、エモーショナルに訴えることはとても重要です。また、大前提として、パーパスのコミュニケーションは社内外で分けるべきものではない、と考えていて、パーパス・ムービーも然り、です。しかしながら、使用する媒体や、まずは社内から浸透させたい、という目的がある場合には、ターゲットを絞ることもあります。

パーパス・ムービーは、パーパスそのものを解説する意味合いが大きいです。これをＣＭとして世の中に出したり、パーパスを元に実現したい世界やメッセージをクリエイティブジャンプさせて表現する動画を公開することもあります。テレビやウェブ媒体を使用するので、社内外の人が視聴する前提で制作します。

パーパス・ムービーと一口に言っても、表現内容でいくつかに分けることができます。CMとして展開された実例を交えて見ていきましょう。

1　パーパスメッセージをシンボリックに表現したもの。

例：山善　パーパス「ともに、未来を切拓く」では、「ともに」で多様なステークホルダーを象徴する人々を表し、「切拓く」で従業員みんなでジャンプすることで表現。

2　パーパスメッセージの読み解きをしたもの。

例：りそなグループ　パーパス「金融＋で、未来をプラスに。」では、キャラクター「りそにゃ」がアニメで文言を解説している。

3　パーパスから展開されたメッセージを紹介しているもの。

例：パナソニックコネクト　パーパス「現場から　社会を動かし　未来へつなぐ」では、「かなえよう。◯◯◯の現場」（エンタメ、鉄道輸送、サプライチェーンなど）を実写、3Dアニメ、さらには従業員が登場して紹介をしている。

4　多様な個性の従業員の活動を表現しているもの。

例：三菱電機グループ　パーパス「コツコツ　ワクワク　世界をよくする」

※これらの映像はすでに公開が終わったものもあります。

■パーパス特設ウェブサイト（社内外）

パーパスについての関連コンテンツが掲載される特設サイト。プロジェクトの内容紹介の他にも、参加型コンテンツを設け、従業員間コミュニケーション促進のプラットフォームとしても活用することが可能です。従業員全員が確認しているイントラネットで必ず目に入る場所に、パーパス特設サイトへのリンクを設置、上位理念とセットで浸透させていきます。

■日常業務で使っているツールの活用

稟議書や報告書のようなツールに、パーパスに関連する要素を盛り込みます。

また、ロゴ、アイコン、キャラクター、キービジュアルなど、パーパスのブランディングビジュアル制作物を実施して、パーパスを浸透させます。社内掲示パネル・ポスター、ウェブサイトやウェブ会議、ポスターなどコミュニケーションツールの開発にも活かします。さらに、従業員が日常的に目にするグッズ（PC、スマートフォン、ストラップ、シール、名刺、コーヒーグッズなど）を作成し、日常業務の中でパーパスをより意識する環境を生み出します。

■社内報・イントラネットコンテンツ

プロジェクト活動について開始時から様子を社内報に連載していきます。例えばブランディング活動の情報、研修の関連内容、ブランドコンセプトを仕事に取り組むヒントなどを紹介し、面白くて役に立つ、従業員が読みたくなる内容を展開します。

上層部の個々人が行ったパーパス関連取り組みを社内ページで週一公開したり、パーパスを体現しているような取り組みを自薦・他薦問わず公募して、賞金や表彰でたたえ、受賞者にインタビューした内容をまた社内報で伝えるといった方法もあります。

■その他の「伝える」施策

・統合報告書、決算説明資料
　パーパスを含む新理念体系の掲出。価値創造モデルへの記載など
・企業広告
・社外向け動画

・採用サイト
・成功事例の公募、従業員へ共有をするための社内キャンペーン
・SNS発信
・1on1での対話活用
・新入社員用ウェルカムキット

2 ― ムーブメントの起こし方

２０１８年7月・8月号の米国『ハーバード・ビジネス・レビュー』誌のパーパス特集でも取り上げられた、コンサルティング会社ＫＰＭＧの事例を紹介しましょう。

ＫＰＭＧは２０１４年、それまでの保守的な文化を、イノベーティブな文化に切り替えようとパーパス策定に取り組みました。そこではまず、自社の歴史を掘り下げ、数百人の従業員にヒアリングをし、その結果、彼らは自社のパーパスは「Inspire confidence and empower change」（社会に信頼を、変革に力を）だという結論にたどりついたのです。

同社の企業動画「KPMG We Shape History」で語られていること（２０１４年公開）

ＫＰＭＧがしていること――我々は、歴史をつくっている

第二次世界大戦中のレンドリース法制定にあたって、ルーズベルト大統領はＫＰＭＧの助けを求めた。フランスやヨーロッパのほとんどが陥落、次はイギリスという時。ウィンス

トン・チャーチルはルーズベルト大統領を頼り、レンドリース法が制定となる。KPMGピート・マークウィックのシニアパートナー ウィリアム・M・ブラックが召集され、「民主主義の武器庫」と呼ばれる連合軍に600億ドルにもおよぶ支援を送った。

KPMGがしていること——我々は、家族の再会を実現する

イランのアメリカ大使館人質事件で50人以上のアメリカ国民が444日間監禁されていた時、アメリカはKPMGピート・マークウィックの助けを重要な局面で求めた。最終決着をつけるために240億ドルが平等に振り分けられなければならなかったが、KPMGは対立する双方を満足させ、人質は解放された。

KPMGがしていること——我々は、民主主義のために戦った

歴史的な選挙で国民の信用が必要とされた時、KPMGアフリカ支部が立ち上がった。選挙結果が不透明となる中、南アフリカは混乱の渦中にあった。KPMGはそこで力を発揮し、選挙の平等性と正確性を保証した。ネルソン・マンデラは大統領となり、南アフリカは新たな民主主義国家となった。

――我々は、あるパーパスのために存在している。社会に信頼を、変革に力を。

　ここからが興味深いところです。同社は従業員の巻き込みのため、社内浸透に焦点を当てた具体的な施策として、社内の人間のみならず外部でもアクセスできるＫＰＭＧパーパスの特設サイトを設置しました。そのサイトに通じて従業員たちはビデオや記事などのコンテンツから同社のパーパスの定義の過程と経緯を理解できるようになっています。

　その後、個々の従業員のパーパスの解釈を促進するため「10,000 STORIES CHALLENGE」というキャンペーンを社内で発足。２万７０００人の従業員に対し、１万枚のポスター作成プログラムを展開しました。１万枚の目標が達成されると、従業員には２日間の有休が追加で付与されました。

　その仕組みを詳しく見てみましょう。ＫＰＭＧが配布したウェブアプリで従業員がポスターをつくる手順は次のようになっています。

1　用意された複数の背景から気に入ったものを選ぶ。

2　「What do you do at KPMG？（ＫＰＭＧでやっていることは？）」という質問に回答する（つまり、従業員に自分は何をしてＫＰＭＧのパーパス実現に貢献しているかと向き合わせる）。

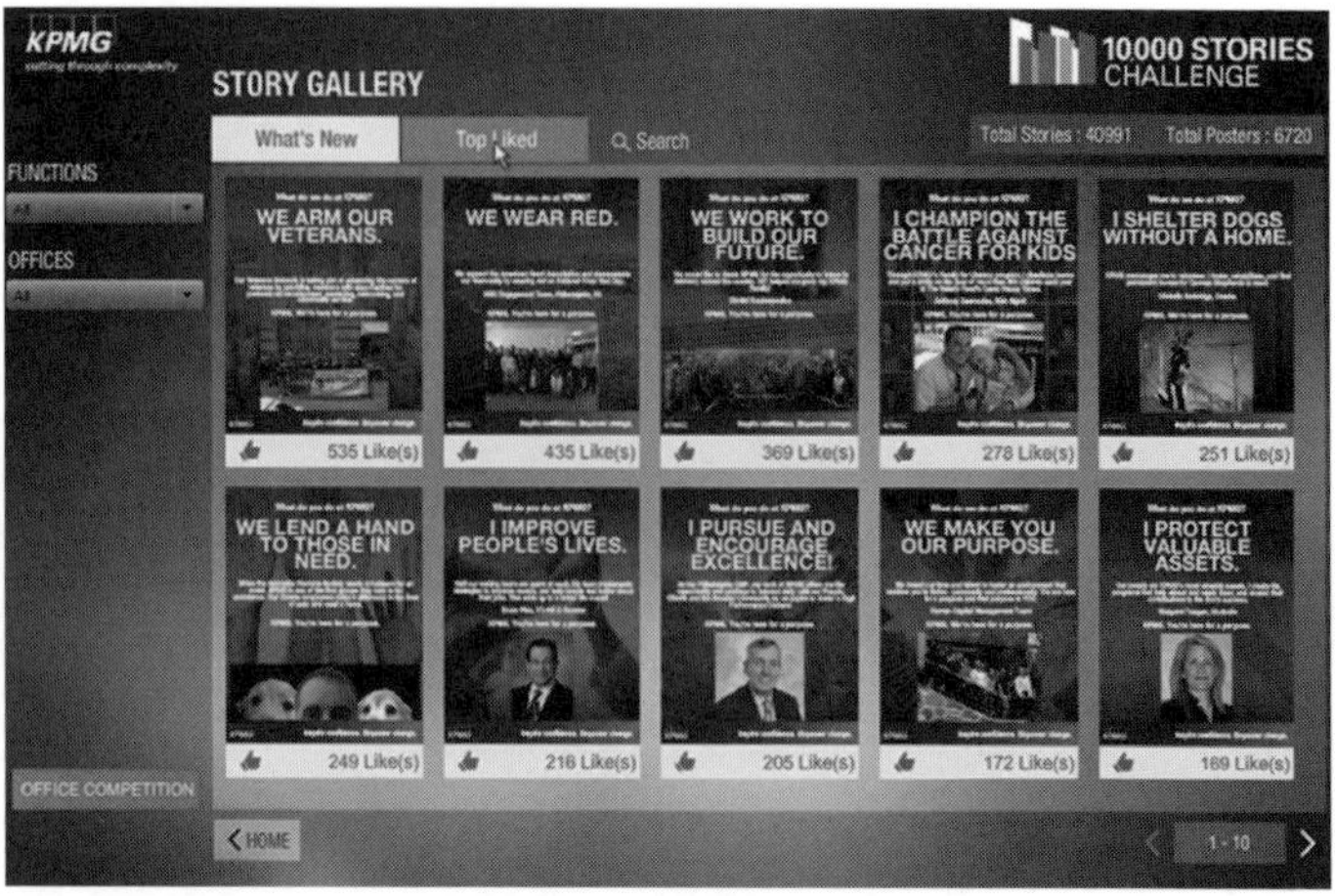

3　その回答は二箇所ある（「ヘッドライン」と「あなたのストーリー」）。

4　「ヘッドライン」では、「What do you do at KPMG?」に端的に答える。例えば、テクノロジーのコンサルタントであれば、「テクノロジー改革」を記入。

5　「ストーリー」では、上記の「ヘッドライン」を説明する。ここでは、自分の仕事は具体的にどのようにインパクトをつくり出すか、どのように価値をもたらすのかを書き出す。

6　最後のステップは自分の写真やチームの写真をアップロードする（このステップはオプション）。

これでポスターが完成。送信されると、アプリ内に他の人の送信済みポスターの一覧が表示され、閲覧できます。同社では半年にわたり、4万枚以上のポスターが制作されました。その中で厳選され、ブラッシュアップされたポスターは、社外用キャンペーンでも使用されています。

このキャンペーンを含む浸透施策に関する社内での事後調査では、従業員自身の仕事へのプライドが向上し、エンゲージメントも高まったことがわかりました。その結果、米国『Fortune』誌の「100 Best Companies to Work For」ランキング（働きたい企業ランキング）では31位から12位に飛躍しています。

この調査にはもう一つ印象的な知見があります。パーパスを推進するリーダーの下では、その従業員の9割が自社を素晴らしい職場だと考えるのに対し、推進しないリーダーのもとでは6割という結果がわかりました。マネジャーや管理職によるパーパス推進の積極度は、従業員のマインドセットと忠誠心に大きく影響するのです。

パーパスを組織に浸透させる成功要因

パーパスを行動に移すためには、「ムーブメントフレームワーク」に沿って、「学ぶ」ことと、「確かめる」ということ、そして「見出す」ことと、「伝える」ということが必要であることはすでにお話ししました。

ＫＰＭＧのキャンペーンは、「学ぶ」「見出す」「伝える」を達成する、効果かつ効率のある取り組みであると考察できます。

・学ぶ　従業員はアプリ内のワークを通じて、パーパスにおいて自身の仕事がどのように置き換えられるのか。パーパスを解釈し、自分ごと化ができた。
・見出す　ワークを通じて、たくさんの従業員のストーリーが見出された。
・伝える（社内）　従業員が仕上げたポスターをそのままツール化し、社内のあらゆる場面で展示した。
・伝える（社外）　従業員が作成したポスターを外部コミュニケーションに賢くつなげた。

そして、２日の有休というインセンティブを取り入れた全社イベントにすることで、一大イベントとして、参加モチベーションと一体感がつくり出されたことも一つの成功要因と言えるでしょう。

無論、「学ぶ」「確かめる」「見出す」「伝える」をそれぞれ個別で施策を考えて実施することも可能ですが、ＫＰＭＧでは、特に「学ぶ」「見出す」「伝える」を意識し、あらゆる施策と要素を組み合わせ、効率的で一貫性のあるキャンペーンに仕上げることができました。これがこの事例における重要な学びなのです。

INTERVIEW

事例からたどる浸透 –富士フイルムホールディングス

富士フイルムグループ創立90周年を機に、同社は2024年にグループパーパス「地球上の笑顔の回数を増やしていく。」を発表。パーパスマガジン「Our Purpose」を発刊しました。そこに掲載された、楽しそうな富士フイルムグループのパーパスプロジェクトが目に留まり、今回お話を伺いました。お話いただいたのは、富士フイルムホールディングスのパーパス策定プロジェクトを推進した、執行役員 堀切和久さん。そして、現場でプロジェクトを進めたブランドマネジメントグループの皆さんです。グループで7万人を超える従業員に向けて、どのような考えで進めていったのか。策定から現在の取り組みまでをお伺いしました。

パーパスを体現する名刺

齊藤：本日は富士フイルムさんのグループパーパス策定について、まずは堀切さんに詳しくお話をお聞きしたいと思います。
まずは、先ほどいただいたこちらの素敵な名刺、パーパスがしっかり刻まれています。

堀切：新名刺は、チェキと同じアスペクト比でつくっていて、「地球上の笑顔の回数を増やしていく。」のパーパスの文言と共に、その人の笑顔の写真を入れています。チェキの写真って、もらったら嬉しいですよね？

齊藤：嬉しいです！

堀切：笑顔の面を表にして名刺交換すると「これ何ですか？」「弊社のパーパスなんです」と、社外の方々とパーパスについて話すきっかけになります。これがない状態で、うちのパーパスを語ってくださいというのは従業員に

とってもハードルが高いじゃないですか。名刺交換してうちの従業員からもらった名刺を並べると、テーブルの上に笑顔が並んでいく。世界中の7万人以上の従業員がこの名刺で活動していったら、パーパスは自然に広がるんじゃないかなと。すごい広告宣伝ですよ。

齊藤：楽しい取り組みですね。パーパスマガジン「Our Purpose」を拝見した時にも、従業員の似顔絵や、マンガも活用されていて、楽しそうな感じが伝わってきました。こちらは従業員に向けて配られたのでしょうか。

堀切：対外的にパーパスを発表する約1週間前から、社内で配りました。マガジンのサイズは、タブロイド版の大きさです。「パーパスがこれに決まりましたよ!」と知らせるだけでは従業員の皆にインストールされないので、読み物として楽しくあるべきだと思い、隅々まで読んでもらえるよう工夫を凝らしました。

齊藤：日本だけで展開したのでしょうか?

堀切：さまざまな言語に展開して、全世界の従業員全員に配布しました。各国で印刷して配布してもらったのですが、中国は日本より一回り大きくて、アメリカはさらに大きいサイズで配られました(笑)。さまざまな立場の従業員が自分たちの身近に感じてもらえるように、グループ会社や海外のメンバーからもたくさんコメントを寄せてもらいました。

日本経済新聞に出稿した企業広告にもパーパスのステートメントを掲載

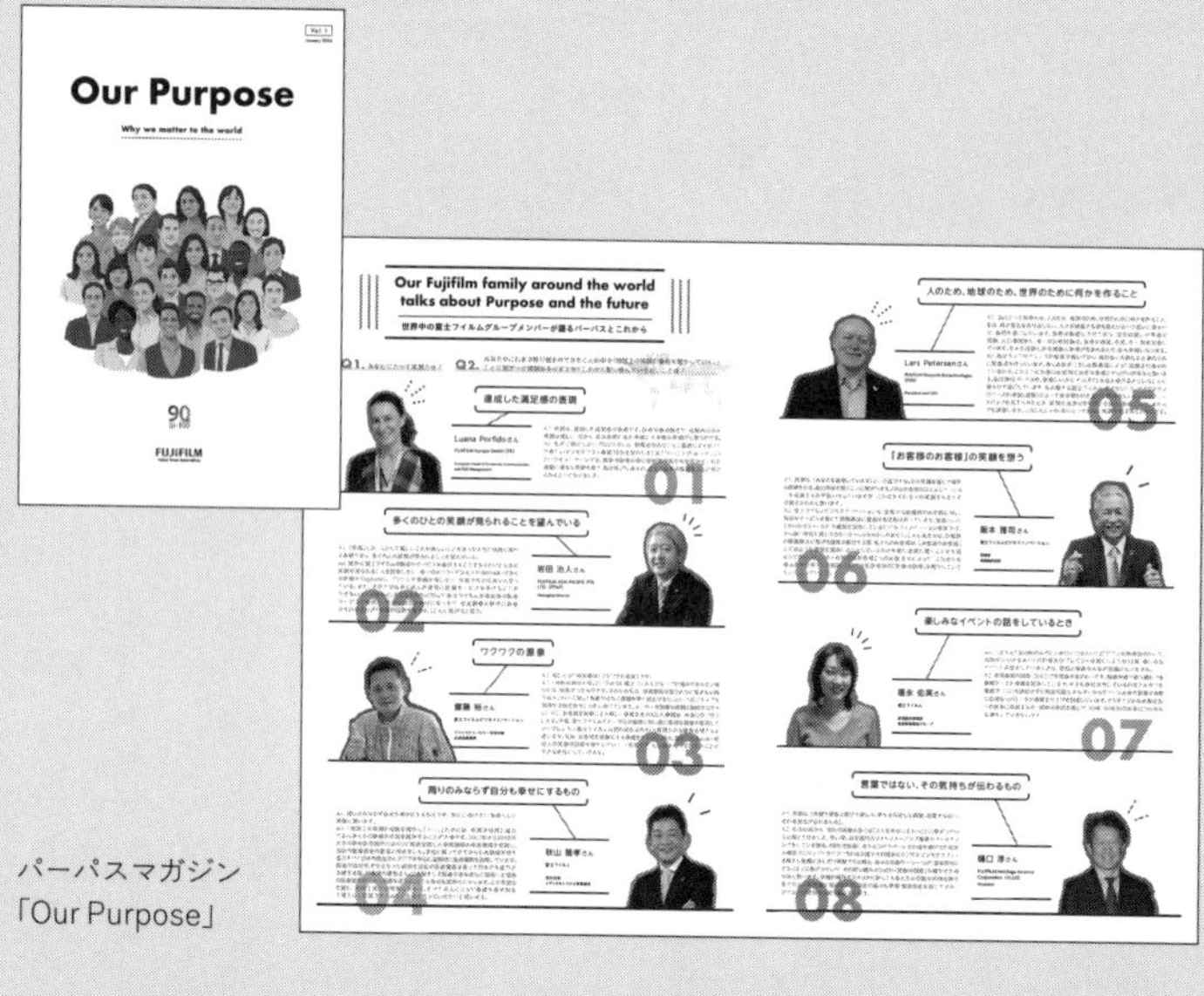

パーパスマガジン
「Our Purpose」

齊藤：策定することになった経緯がマンガになっていて、読みやすい。

堀切：『The Journey to Our Purpose』と題したこのマンガは、より現場寄りの視点から、パーパスを策定した経緯のストーリーを紹介しています。読んだ従業員に「これまでも自分たちの仕事は、いろんな笑顔を生み出してきたよな。これからもがんばるぞ！」って思ってもらうためです。

パーパス策定の経緯

齊藤：さてそのマガジンに説明もありましたが、今回、なぜ富士フイルムグループがパーパス策定に着手することになったのかを、改めてお聞かせください。

堀切：話は少し遡ると、2000年くらいにデジタルショックがあり、デジカメの普及などから写真フィルムの需要が大きく減って、大変だった時期があるんです。僕が会社に入った時は〝富士写真フイルム〟という名前でしたが、写真という名前は消えて、富士フイルム、となりました。これは、決して美しく変わったわけじゃないんです。

齊藤：時代の変遷に合わせて、会社も変わっていったわけですね。

堀切：それで会社も変革を推進するために、写真の技術を棚卸しして、組み合わせて何か新しい分野にチャレンジできないか？ということを行いました。写真っていろんな技術の集大成で、その中でエポックメイキングだったのが、化粧品です。化粧品のベースとなるコラーゲンは、写真フィルムの主成分。そしてナノ化の技術を活用しているという点も一緒です。

齊藤：えぇ！そうなんですね！

堀切：そう、だからやってることは化粧品も写真も実はそう変わらないわけです。そうして次々といままで文脈になかったいろんな製品が世の中に出て、創薬支援などの新しい事業分野にも進出して、多くの会社をM&Aで迎え入れていく中で、外から見て、従業員からさえも、富士フイルムってどういう会社？という声がにわかに湧き上がってきていたんです。その中で従業員皆が大切にするものを共有したいとか、各事業で共通して語れる自分たちのメッセージが必要だよねと、そういう思いが皆の中に自然発生的に湧き上がってきました。

齊藤：そこで、パーパスとして皆の思いを集約させたものを明文化する必要があったのですね。

堀切：それが、90周年を迎えたことで、拍車をかけましたね。一度開けたら大変そうなパンドラの箱を誰が開ける？という状態でしたが、ついに開けることになったわけです。

齊藤：一回開けたら閉められない箱を（笑）。

堀切：まあ、今となっては開けてよかったな、と。企業のビジョンとは違って、パーパスって、企業が人々や社会のためにどういうことをコミットしてるか？ということですよね。90周年を振り返ってみたときに、いままで富士フイルムグループは写真事業を通じて人々の笑顔をつくってきた。そして、これからは、写真だけでなく幅広く人や社会のために「笑顔」をつくっていく、その「笑顔」こそが、将来にわたっても大切にしていきたいことだよねと。「笑顔」というキーワードが決まり、パーパスをトップメッセージやマガジンを通じて従業員に発表したところ、こちらも驚くくらい共感してもらえましたね。

齊藤：それほどすんなりと。

堀切：そう、それはきっと、今までやってきたことをこれからもやっていく、というのが無理なく腑に落ちるからなんですね。これからやっていきたい全く新しいことだと、まずは理解しないといけないじゃないですか。そうではなくて、これまで大切にしてきたことを改めて見つめ直し、過去から将来に続く一本の線として、形にしていく作業でしたね。

齊藤：パーパスの文言にある「笑顔」を発見するのも割とすんなりといったのでしょうか？

堀切：発見するまでは、大変でした。ディスカッションを重ねて、時には議論が遠い宇宙へ…（笑）、だけど最終的に発見した「笑顔」は、割と身近にあったなと。

齊藤：違和感のなさや、従業員の皆さんの共感というのは、そこにつながっているわけですね。

他にはどんなキーワードが出ましたか?

堀切：プロジェクトチームで、社長や部門長、海外のトップマネジメント層や若手従業員などに時間かけてインタビューをして、出てきた言葉は大きく3つに分類できたんです。1つが「変革」。社名から写真が抜けて、ヘルスケア事業を拡大したり、半導体分野に参入したりと会社が変わっていく時期に在籍していた人たちからは、自分たちらしさといえば変革だよなと。でも若い世代の従業員はその変革の時代を実体験していないんです。2つめが、「技術」。サイエンスに関わる技術者も多いので、技術を大切にする自負ですよね。そして3つ目が、「笑顔」です。まずプロジェクトチーム内でこの3つのうちどれを中心に掲げるかを議論したときに、ほぼ満場一致で「笑顔」ということになったんですね。技術とか変革は自分たちを表しているのに対して、「笑顔」は相手に向いている言葉ですから、プロジェクトチームもそれをわかっていて。

齊藤：相手に向けられていることを最優先した、というのは素敵ですね。

堀切：そう、僕はそれが、すごく正しいなと思ったんです。そして、「地球上の笑顔の回数を増やしていく。」というパーパス文言の下にはそれに続く文章があります。笑顔以外のキーワードが入ったこの二段目（「わたしたちは、多様な「人・知恵・技術」の融合と独創的な発想のもと、様々なステークホルダーと共にイノベーションを生み出し、世界をひとつずつ変えていきます。」）の一つひとつにも、大切なメッセージが込められています。

齊藤：「笑顔」を軸に、残りの2つのキーワード「技術」と「変革」が二段目以降で展開されているわけですね。パーパスに込められた思いの読み解きをぜひ。

堀切：例えば最初の部分は、一般的にシンプルに言ったら「世界の笑顔を増やす」ですが、それじゃ全然記憶に残らない。「世界の」ではなく「地球上の」とすることで、サイエンスの会社なので、人だけじゃなくて環境や社会も大切に、ということを意味しています。

齊藤：笑顔の「回数」も面白いですよね。

堀切：そう、これも普通なら「笑顔を増やす」となりますが、一人を一回幸せにしたら終わりじゃなくて、同じ人に何度も笑ってもらいたいという意味を込めて、「回数」としています。さらに、増やすじゃなくて増やして「いく」という表現で、誠実な姿勢で継続していく意思を示しています。

齊藤：まさに終わりのない活動ですね。マガジンにも、Vol 1とあったので、このパーパス浸透の活動はこれからも続いていくのかなと思いましたが、いかがですか？

堀切：はい、次のマガジンは秋くらいに発行する予定で、今後も出し続けていこうと考えています。終わりはなく、これからも変化していくものと捉えています。それは「完成しないスタジオ」というコンセプトを持つ、このCLAYスタジオと同じで、一生完成しないんです。夢は、マガジン内のマンガがコミックになり、それがさらにはアニメで配信されること（笑）。そんなふうに考えていくと、楽しいじゃないですか。

パーパスは具体化されてこそ実現へ

齊藤：デザインに関わってきた堀切さんが、今回のパーパス策定を牽引することになった経緯はどのようなものだったのでしょうか。

堀切：僕が役員に任命されたのは6年前。当時のミッションは、デザインは好調なので、今度は会社の「ブランド」をやってほしいということでした。写真フィルムはもうメインじゃないのに、富士フイルムというブランドでいろんな事業をやっている、それらを紡ぐことをしなきゃいけないねって。

齊藤：ブランドをやる、つまり、わたしたちの言う、「パーパス・ブランディング」ということですよね。パーパスを軸に、会社全体をブランティングし、改革していく。

堀切：パーパスって、言葉で遊んでいくのではなくて、具体的じゃないですか。デザインも同様に、頭の中でふわっとしているものをユーザーが使えるものに落とし込んでいく作業なんです。パーパスの文言が入った名刺を持つこと、パーパス策定ストーリーを語ったパーパスマガジンを見ること、こうして従業員にパーパスが浸透してブランドができあがっていくというのは、デザインと同じじゃないかなと。

齊藤：全部つながっているわけですね。

堀切：具体的なものがあるのとないとでは全然違いますからね。パーパスがウェブサイト上にただ置いてあるんじゃなくて、名刺やパーパスマガジンのように、生きたものとして、具体的な活動として落とし込んでいくんです。手元に残るもの、手を抜いていない、本気さがちゃんと見ている人に伝わるもの。それを渡すことで、受け取る人の笑顔の回数を増やしていく。それがまた自分にかえっていくと良いですよね。

齊藤：笑顔になってもらうだけじゃなくて、笑顔の循環ですね！

堀切：パーパスの主人公は、従業員の皆さんだと思うんです。従業員がそれぞれアンバサダーになって、まわりの人たちに素敵な会社だと伝えていくことから始まって。一番身近なところでは家族や同僚、そして製品を使う人、それぞれの笑顔をつくっていく。BtoBであっても、富士フイルムと一緒にビジネスをしたら自分たちも笑顔になれるよね、と思ってもらう。そして、それを通じてまた自分たちも笑顔になる。そんな笑顔の循環をつくっていきたいという思いがパーパスには込められていて。笑顔につながる喜びとか幸せ、富士フイルムの存在意義としての「笑顔」、すごくいいパーパスだと思うんですよね（笑）。

齊藤：本当に！写真を撮ったり見たりすると自然と笑顔になるという、これまでやってこられたことがそのままパーパスになっている。

堀切：しかも、ちょっと硬い感じの、地に足ついたこの真面目さが、富士フイルムっぽくていいなと（笑）。今回のパーパスは90年という節目に、富士フイルムが紡いで蓄積してきたことを改めて眺めて、それを試す時だと思うんです。そのときに、決して無理をしない、ということが大事だと。パーパスって目標的な部分もあるけど、とかく人って目標を立てると、無理しちゃってどうにもいかない時がありますね。

齊藤：ありますあります…辛くなりますよね（笑）。

堀切：そういう意味で、今まで大切にしてきたことを改めて掲げているこのパーパスは、無理をしていない気がするんです。まだイントロダクションの段階ですけど、これからも、ずーっとやり続けるものだと思うので、楽しくね。

齊藤：楽しく続けていくのが一番ですね！社内も変わってきていますか？

堀切：思った以上に積極的な感じがありますね。社長も含めて一斉に、マラソンでザワザワってスタートして走りだしちゃった状態（笑）。だけど自然にそれぞれで走り出しているのを見ると、皆こういうものを求めていたんだなと思います。

個々のアスピレーション(志)と会社のパーパス

堀切：事業部、グループ会社、国内も海外も…パーパスに水をあげて育てるのはそれぞれの部門で独自に落としていただいたらいいなと思って、この前、私のいるCLAYスタジオで約80人の役員・部門長でワークショップをやったんですよ。自分ごと化して自分の言葉でパーパスを語ってもらうための会。パーパスは一人ひとりが志をもって実現を目指してこそだよねと、グラレコなんかも取り入れてディスカッションしてもらい、個々の〝マイ・アスピレーション〟を書いて言葉にしてもらったんです。

齊藤：この素敵な会場でやるのがまた良いですよね！

堀切：このCLAYスタジオのコンセプトが、眠っていたものを呼び覚まし、デザイナーを覚醒させる、なんですよ。パーパスってクリエイティブなことだと思うんです。思想とクリエイティブ、表裏一体なんで、こういう場所によってクリエイティブのスイッチを入れて、仕事のこともリセットして向き合っていく。

齊藤：場所って大事ですよね、本当にそう思います。その後や反応に関してはいかがですか？

堀切：ワークショップを通じてパーパスを自分ごと化してもらうという目的は達成したと思いますね。その後、このワークショップをそのまま実施した部門もあったり、アレンジしてやりたいという要望も届いています。

齊藤：すべての要素が加わって目的を見事達成されたわけですね。今後の展開についても楽しみです。

堀切：パーパスって生き物だと思うんです。フレンチの名店とかで〝変わらぬ味〟と言われるシェフも、実は同じことをやり続けるのではなくて日々進化させているわけです。我々も、最初だけ盛り上がって尻すぼみにならないように、やり続けないといけない。〝2024年にそういうのやってたよね〟じゃなくて、楽しくやり続けないとだめで、このバトンをもらった人が面白く昇華させる、そのお手伝いをするのが僕らのチーム。まだまだ一歩踏み出したばかりの状態ですが、すでに来年に向けて楽しい企画も進んでいるので、乞うご期待です。

従業員一人ひとりのアスピレーション（志）を大事にする

齊藤：ここからは、プロジェクト推進メンバーの礒山起世親さん、松永麻衣子さん、渡邉美恵子さんにもお話を伺います。富士フイルムグループでは、2024年1月20日に迎えた創立90周年を機に、グループパーパス「地球上の笑顔の回数を増やしていく。」を新たに制定しました。

その浸透施策として、まずは経営層にアスピレーション（志）を考えるためのワークセッションを実施されたそうですね。

松永：我々のパーパス自体にアスピレーションという言葉は入っていないんですけれども、地球上の笑顔の回数を増やしていくためには従業員一人ひとりの「アスピレーション（志）」が大事ということを社内外に伝えていこうとしています。最初の取り組みとして、約80人の役員・部門長でワークセッションを実施しました。グループパーパスの理解を深め、自分ごと化することを目標に、ワークシートの記入やグループワークを通じて、最後に個々の〝マイ・アスピレーション〟を書いて言葉にして書いてもらったんです。それをきっかけに、それぞれの部門で独自の活動が始まっていけばと。

齊藤：このアスピレーションは、仕事に限定したものですか。それとも個人の人生のアスピレーションでしょうか？

松永：富士フイルムグループの一員であることを前提に、自分自身と照らし合わせて考えてもらいました。個人の言葉で表現されているので、出てきたものは千差万別ですが、パーパスと自分自身を重ねて考えてもらうことを大事にしたので、そこは問題ではありませんでした。

礒山：ワークセッションでは、①まず自分がどんな人間かを改めて内省し、どんな人生を歩んでいきたいか、②当社で仕事をする中で自分にとって嬉しいことは何か、もう一つ追加するなら、富士フイルムグループのパーパスに共感できるのはどこか、それを踏まえて、③自分はこれから誰のどんな笑顔を増やしていきたいのか、自分のアスピレーション（志）は何か、と考えていく順番でした。

齊藤：人生で幸せだったこととか、笑顔になったこと、それを各自のアスピレーションに落とし込むまで、スムーズに行えたのでしょうか？

松永：参加者は、リーダーとして常にそういうことを考えている方が多かったので、想像以上に、すんなりと進み、むしろ盛り上がっていましたね。3時間という長いセッションでしたが、もっと話したかったたって言われるぐらいに。参加した方々からは、「頭では理解してたんだけれども自分でワークショップで手を動かすことによって、より自分ごと化して腹落ちした」、「他部門といろんな話ができて楽しかった」という声をいただき、「すごく良かったから自部門でやりたい」という嬉しいリクエストも多く、各職場での横展開も始まろうとしています。

今回は盛り上がって成功したのですが、研究所や生産拠点などお客さまと接点が少ない職場だと、笑顔やアスピレーション（志）と言われてもすぐに思いつかない人も出てくるかもしれない、各部門でどう展開していくべきかは検討しているところです。

磯山：業務フローみたいに一律に、あなたのアスピレーション（志）をつくってくださいっていうのもちょっと違うんじゃないかなって思っていて、言われてつくるのではなくて自発的に発生するものがアスピレーション（志）では？ということで、焦らず徐々に進めていく予定です。

我々はパーパスを、「ホームページの奥底にあって誰も見ないようなものには絶対したくない」という説明をよくするんです。つまり誰も意識しないようなものではなくて、本当に実現するためにそれぞれが自分の仕事の中でどうやって取り組んでいくのが良いかを個々で考えてもらえるものにしたかった。

齊藤：部門ごとでやりたいと自発的に手が挙がって広がっていくのは、良いですね。

磯山：今回のワークショップに参加した各事業部門のトップは、その事業で利益を上げることに責任を持っているわけで、その人たちがやりたいと言ってくれるということは、自分の部門でやれば売上アップという目標に近づけると思えるからこそだと思うんです。例えばメディカル事業だったらメディカル機器や医療ＩＴのシェアを拡大することが、病気の早期発見につながって笑顔の人を増やすことができるというふうに納得してくれている。我々が「パーパス広めてください」と言ったからやってるというよりも、「笑顔の回数を増やしていく。」という目指す姿に納得してくれているからこそなのではないかと思います。

齊藤：各事業と、パーパスが本当にまさに自分ごと化されていく、いい流れですね。そして、このワークショップは当日の様子を記録した素晴らしいアートブックがつくられています。

松永：職場に帰ったあとも実施したワークやその場で感じたことを思い出していただけるように作成しました。

齊藤：さすが写真の会社ですね。パーパスのポスターも社内のあらゆるところに貼ってあって、徹底されていて。本社がある西麻布の交差点に

西麻布本社入口にもグループパーパスとグラフィックを掲出

もパーパスの大きなグラフィックがあるのが印象的です。デザインの力やクリエイティブを大切にしてる富士フイルムさんだからこそ、アウトプットもすごく良いものができていることで、共感しやすくなっている、パーパスの文字だけじゃないところがすごくあるなって思うんです。

松永：グラフィックやデザインの力を借りて、印象的にコミュニケーションすることは意識しています。ただパーパスは社外向けのキャンペーンや宣伝広告ではないので、まずは社内浸透をしっかり固めていきたいと思っています。

ツールを活用して、普段からパーパスを意識してもらう

礒山：パーパスは「存在する」だけで普段認識されないものになってしまいがちなので、それを認識させるためには日常の所作に落とし込むことが大事だと考えています。名刺のように、常に使っているもので、これ何ですか?という話から始まると、否が応でも説明しなくてはならなくなるので意識せざるをえない。普段から意識してもらうことが重要です。

松永：中国ではパーパス入りのティッシュボックスをつくって、従業員食堂などの共用スペー

スに置いたり、ストラップをつくったりもしています。アジアの各国ではおそろいのポロシャツをつくろうとか、いろんな活動が自走し始めています。

齊藤：いいですね！パーパスの社内浸透について、一緒に連携している部門はありますか？

松永：広報と人事は特に連携しながら進めていますが、事業部門やスタッフ系の部門など、あらゆるセクションと、テーマやイベントごとに、それぞれと連携しながら進めています。社内広報とはイントラとかでこれを載せようとか、人事部ですと新入従業員の入社式でパーパスを活かしたアイデアを組み込んでみたり。

礒山：パーパス策定プロジェクトは、さまざまな部門からメンバーに参加してもらったので、それぞれの部門が独自にワーッと動き出している感じはありますね。

齊藤：自発的に有機的につながっているのはすごいなと思います。それがパーパスの力なんでしょうか。

松永：参加された部門のトップの人たちは意識を高く持っていますし、国内は自然と広がりを見せています。

余白というか遊びの幅のようなものが大事で、あんまりシステマチックにしすぎないということを我々の中でも共有しています。

渡邉：ルールや強制的に上から押し付けられたものにしないように、皆が楽しく自分たちでやれるようなマインドにしたいというのは、社内でオーソライズが取れているので、我々もその点ではやりやすいです。

中期的なパーパス浸透とアスピレーション(志)を結びつける

齊藤：全社に浸透させるタイムライン的なものはあるのでしょうか?

松永：各部門で2030年までの中期計画があり、その中でグループパーパスを個人のアスピレーションに結びつけるというざっくりした目標があります。2、3年ですぐ変わるという話ではないと思うので、5年10年後のところでみんなが腹落ちしてる状態を目指してイメージをしながら、全社で実施しているエンゲージメントの調査にどのような調査項目をいれていくか等を、今年度は議論していく予定です。これは先ほどのガチガチにせず…とは反対の話にはなってしまいますが、我々も今どの辺にいて、どこまでを目指すというところを把握する上で目標を指標化しておくことは必要だと思うので。

齊藤：社内表彰についてもパーパスに関連して準備されているとお聞きしました。

松永：以前より「富士フイルムアワード」という会社の表彰制度があり、その規約の中に、パーパスの観点を盛り込みました。まずは「地球上の笑顔の回数を増やしていく。」を体現した取り組みであることを大前提として、売上やイノベーティブなどの観点を評価項目とする規約を変えました。そして、実際の表彰式もパーパスを体現するようなイベントにしたいと、新トロフィーをデザインするなど、参加した人たち皆が笑顔になれる企画を考えて盛り上げようとしています。

礒山：実は、もともとあった「DX大賞」などに追加して、「パーパス賞」をつくればいいんじゃないかなと我々は思っていたんです。パーパスは個別の賞にするのではなく、大前提として、全部のエントリーが富士フイルムグループのパーパスを体現しているべきだと。

齊藤：パーパスができたことで、他のイベントもどんどん変わっていきそうですか？

渡邉：もともと工場など生産拠点は、地元とのつながりを大事にするので、地元に根付いた活動がさかんで、富士フイルム富山化学という工場では、単線のローカル駅に出稿している広告を、今回からパーパスの広告に変えたいとご要望をいただき、変更しました。

松永：職場にご家族を招待して日頃の感謝を伝える「ファミリーデー」は各所で行っていて、そこでご家族の皆さんへもパーパスの説明を行いました。富士フイルムってどんな会社？という紙芝居をつくって。写真だけじゃなくて笑顔をつくっている、いろんなことをやっている会社だよ、と社長が説明して、クイズや質問コーナーも設けました。社長が子ども目線でトークをしたのは好評でしたね。

齊藤：それはお子さんにもわかりやすいですね！さきほど、グループ会社の方にもパーパスに共感してもらって…というお話がありましたが、もともと各社で持っている理念との混乱などもありましたでしょうか？

松永：はい、全社ルールとしてパーパスは富士フイルムグループで今回策定した一つのみとする、と定めたのですが、もともと各社で既存のいろいろな理念体系があって、パーパス策定と並行して、各社の理念も調べて、各社のトップの方との入念なコミュニケーションを発表前に行いました。

「笑顔」というパーパスを最上位とした上で、既存の理念や大事にしてることをそのすぐ下に添えることは違和感ないと、スッと受け入れてくれるところが多かったですね。パーパスの中身を、もっとシャープに定義しなくていいのかという議論もあったんですけれど、笑顔という包容力のある本質的な概念だからこそ、グループ各社にも受け入れられたのではないかと思っています。各社大事にしてるものがありつつも、グループとしての一体感を醸成できるものになりました。

礒山：各社がもともと持っていたものを、中身は変えないままで使いつつ、その上にグループパーパスがきてもおかしくないということは、それほど皆が納得できるような共通に大切にしてきたものをグループパーパスとして定義できたのだと思います。

齊藤：矛盾が出なかったのは偶然でなく必然なのでしょうね。各社さんでパーパスの下にミッションなどをつくりたいというご相談もありますか？

松永：ありますね。パーパスはグループ共通なので個別にはつくらない、ただミッション・ビジョン・バリューに関しては各社で持っていい、としています。新しいミッションを各社で新たに制定する際は経営企画部に申請するというルールです。

齊藤：グループ会社だと、そういう課題も出てくるんですね。海外拠点もあるので、また大変かと思います。

松永：海外でのパーパス関連の大きなイベントとして、2024年の初夏にヨーロッパ各地で社長と現地従業員の対話イベントを開催しました。もともと社長自ら現場に行って対話したいという思いがあり、この企画が実現しました。ステージの上で社長とファシリテーターと現地の代表者数名がステージに並んで、パネルディスカッション形式で。舞台上で自分たちの「アスピレーション（志）」についてのストーリーを紹介し語り合う1時間半のイベントです。従業員向けにオンラインでも配信しました。

礒山：今回のパーパスを広めていくにあたって、海外にどれだけ浸透させられるかということがポイントだと我々は思っていて、グループパーパスとアスピレーション（志）をテーマにした対話を通じて、海外の従業員たちにもグループパーパスの理解を深め、自分たちのアスピレーション（志）を考えるきっかけをつくろうという後藤社長自身の発案でもあるんです。

齊藤：現地の代表登壇者の方のマイ・アスピレーションについては、各自でご準備されたのでしょうか？

松永：海外の従業員の事前準備としてコーチングを企画しました。グループパーパスと個人の人生における価値観を並べた時に、重なる部分と、それを踏まえて富士フイルムグループの一員としてこれから何をしていきたいか。オンラインワークショップ形式で内省して発表してもらう、これを繰り返しました。今後もいろいろな国で、この対談イベントを実施予定です。

渡邉：次はアジアに向けて準備が始まっています。社内でも、パッケージ化して各地でやるのもいいが、ローカルカラーをちゃんと出していこうという意見もあり、各拠点でいろんなアレンジで出てくると思うのですが、きっちりやるっていうよりは、ある程度余白を設けて、みんなで楽しくパーパスについて語り合えるイベントを企画していきたいね、と話しています。当社はロジカルであることを大切にする社風ですが、このコーチングのときは感覚的な質問も多いため、従業員にとってもいままで考えたこともない新鮮な質問だったようです。

齊藤：最後に、改めて富士フイルムグループのパーパス「地球上の笑顔の回数を増やしていく。」について一言お願いします。

礒山：パーパスに「笑顔」が入っている会社は食品や外食産業などにもよくあるのですが、我々富士フイルムの〝笑顔〟で強調しておきたいのが、「笑顔って一つじゃないよね」ということなんです。富士フイルムが「笑顔」と言うと写真の笑顔って思うかもしれないですが、それはもともとのきっかけでしかなくて、医療や半導体、ビジネスイノベーション、さまざまな事業があるなかで、楽しい満面の笑みだけじゃなく、医療でほっとしたときの笑顔とか、何かビジネスに期待感を持ってる笑顔とか、泣き笑い、いろんな笑顔を提供できるのではないかということを、パーパスを策定する過程で多く議論しました。笑顔とはニコニコした　満面の笑顔だけではない、と我々は考えています。

松永：従業員一人ひとりのアスピレーション（志）の積み重ねがグループパーパス「地球上の笑顔の回数を増やしていく。」につながっていくということを伝え続けていきたいと思っています。

PROFILE

堀切 和久（ほりきり・かずひさ）

富士フイルム株式会社
デザインセンター長

1985年に富士写真フイルム（当時）に入社。デザインセンターにて初代チェキのデザインなどを手掛ける。デザインセンター長就任後「富士フイルムをデザインする」を掲げ、2017年にCLAYスタジオを開設させ、2018年にはデザイナーとして初めて執行役員に就任。2022年に富士フイルムホールディングスにデザイン戦略室を新設。富士フイルムグループ全体のデザイン及びブランドマネジメントを管掌する。

第６章

マイ・パーパス

1 ─ マイ・パーパスとは

マイ・パーパスの定義

策定したパーパスを効果的に浸透させるためには、従業員の個人のパーパス（以降、マイ・パーパス）との関係性が一つの重要な鍵となります。こうした背景から、マイ・パーパスに着目した取り組みを行う企業が多く見られるようになり、私たちの支援先でもマイ・パーパスを取り入れる企業が増えてきています。

「マイ・パーパス」という概念がまだ新しいこともあり、その定義は曖昧で「個人の存在意義」と大きなくくりで説明しているところが多いように見受けられます。しかし、これは本来、企業のパーパスと重ね合わせて考えていくものです。ここでは、企業のパーパスを踏まえた上で、個人としてどのようにパーパスを捉えていけばよいのか。具体的に解説していきます。

2つの構成要素からなるマイ・パーパス

マイ・パーパスを端的に説明すると、以下のようになります。

個人の人生（プライベートライフ and/or ワーキングライフ）における、大義のある目的と理由

マイ・パーパスは以下の2つの構成要素で構築されています。

1. 「パーパス」の部分
2. 「マイ」の部分（つまり、個々の人間を指している部分）

それぞれについて、解説していきましょう。

おさらいになりますが、「purpose」は、大きく分けて3つの意味があります。第1は「目的」と「狙い」、第2は「[存在などの] 理由、意義、意味」そして、第3の意味として、「志」や

「大義」のような意味合いも含んでいます。

次に、マイ・パーパスの「マイ」の要素に注目しましょう。個人の視点で、「人生」は主に2つのエリアに分類されます。

・**プライベートライフ**（例：子育て、趣味、ボランティアなど）

・**ワーキングライフ**（例：キャリア、仕事）

つまり、マイ・パーパスは、上位概念の「人生」、「人生」の中に含まれる「プライベートライフ」、「人生」の中に含まれる「ワーキングライフ」の3つの領域を指しています。

また、現代の働き方では「ワークライフ・インテグレーション」の考え方も重要です。プライベートライフとワーキングライフの境界は曖昧になり、両者が重なる領域もあります。

ワーキングライフの領域のマイ・パーパスについては、さらにタイムスパン別に、長期・短期の視点に分けることができます。

・長期：過去の職歴から将来までを含む、仕事のキャリア

・短期：現在の仕事

個人の視点で、「人生」は主に2つのエリアに分類されます。

プライベートライフ
（例：子育て、趣味、ボランティア）

ワーキングライフ
（例：キャリア、仕事）

つまり、マイ・パーパスは、

上位概念の**「人生」**
「人生」の中に含まれる**「プライベートライフ」**
「人生」の中に含まれる**「ワーキングライフ」**

の3つの領域を指しています。

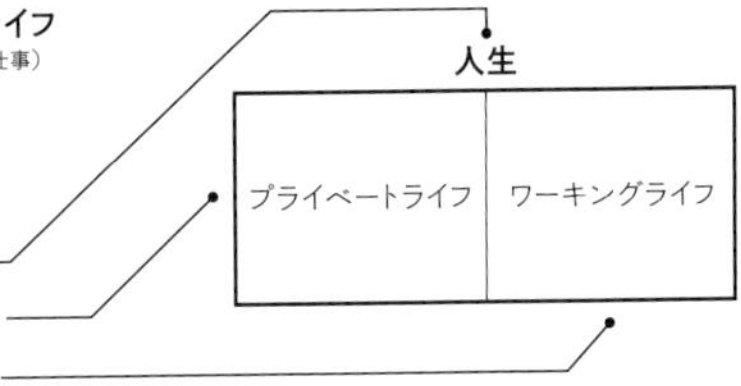

※現代の働き方では「ワークライフ・インテグレーション」の考え方も重要です。プライベートライフとワーキングライフの境界は曖昧になり、両者が重なる領域もあります。

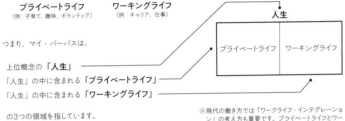

2 — マイ・パーパスの分類

6つのタイプの働く意義

私たちは、日本国内のビジネスパーソンを対象に、働く意義について調査を行いました。その時に、組織において従業員が働く意義や就労価値観をワーキングライフの領域で見ると、6つの異なるタイプに分類できることがわかりました。

この調査では、まず就労価値観の因子分析を実施し、構造化を行い、ビジネスパーソンが就労上重視している要素を「ビジネスパーソンの働く意義　6つの因子」に分類しました。

これらの各因子に関連する調査質問項目への反応を調べることで、従業員がどの因子により働く意義を見出しているかを明確にすることができます。

また、この6つの因子をセグメント軸として、国内のビジネスパーソンのサンプルや協力企業の従業員でクラスター分類を行いました。その結果、マイ・パーパスもさらに6つのタイプに分類され、そのＴｙｐｅ１～６について、各タイプとの対比から働く意義に影響している因子を明確化しました。

ビジネスパーソンの働く意義　6つの因子

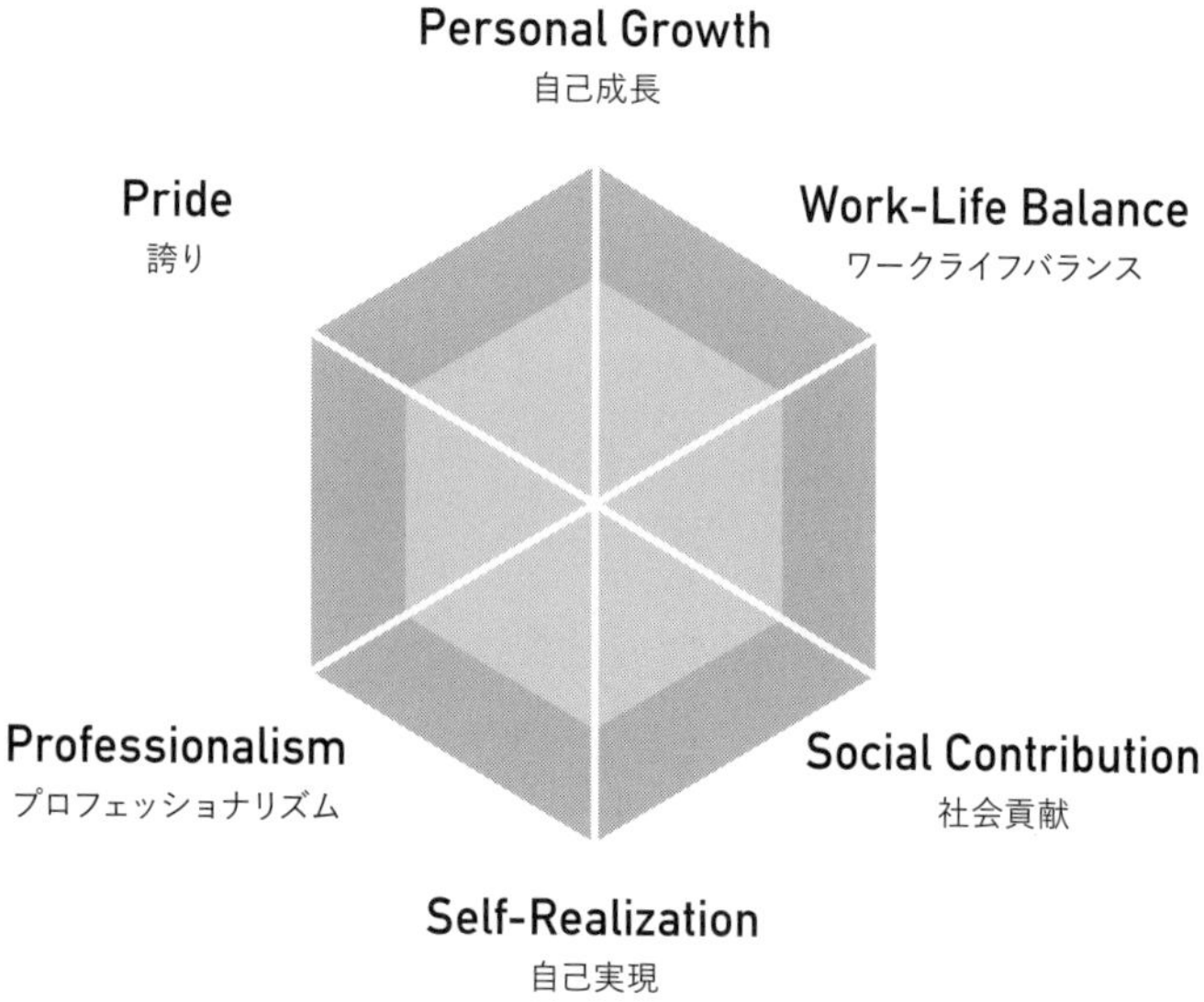

Personal Growth
（自己成長）
スキルアップ、能力開発、能力活用に関する因子

Work-Life Balance
（ワークライフバランス）
ワークライフ・バランス、報酬、企業の安定性に関する因子

Social Contribution
（社会貢献）
社会貢献、社会的使命感、他利性に関する因子

Self-Realization
（自己実現）
夢・目標実現の意欲、社会的承認、昇進願望、自己効力感に関する因子

Professionalism
（プロフェッショナリズム）
良い仕事をしたい意欲、達成動機、実行力、成果に関する因子

Pride
（誇り）
仕事への誇り、理念や価値観の合致に関する因子

マイ・パーパスの6つのタイプ分類

TYPE1

・Social Contribution（社会貢献）
・Pride（誇り）

このタイプの特徴

・社会貢献を重視している
社会的な使命感を感じるような仕事をしたい
自分の利益より社会全体の利益を優先したい
社会や人の役に立つような仕事をしたい
・仕事の内容や、提供している商品
・サービスに誇りが持てる企業で働きたい
・自分の価値観や考え方に合った理念
・方向性を持つ企業で働きたい

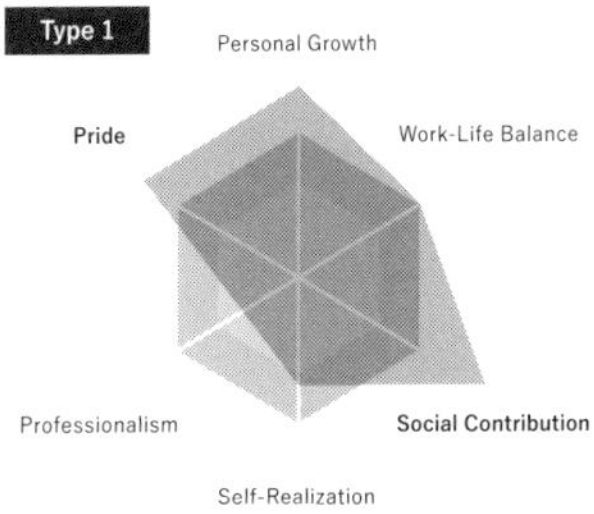

TYPE2

・Work-Life Balance（ワークライフ・バランス）
・Pride（誇り）

このタイプの特徴

・ワークライフ・バランスを重視している
仕事は生活を支えるために必要であるが、プライベートの時間は割きたくない
プライベートを優先したい
・仕事の内容や、提供している商品
・サービスに誇りが持てる企業で働きたい

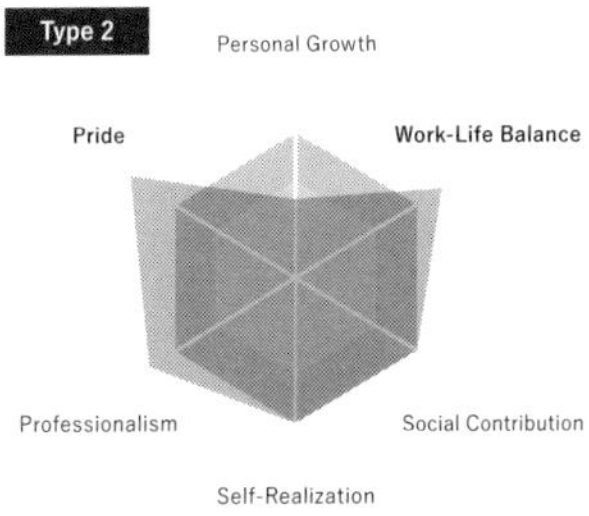

TYPE3

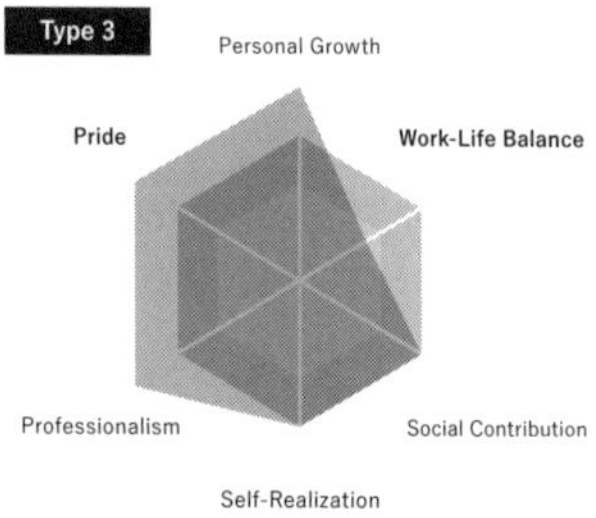

・Personal Growth（自己成長）
・Professionalism（プロフェッショナリズム）
・Pride（誇り）

このタイプの特徴

・自身の成長を重視している
　仕事を通じて自分のスキルや能力を上げたい
　自分の能力を活かせる仕事をしたい
　新しいことにチャレンジしたり、面白いことをするような仕事をしたい
・職場の人たちと一緒に協力して仕事をしたい
・仕事をすることは自分の生きがいである
・軋轢や衝突があっても、良い仕事をしたい
・仕事の内容や、提供している商品・サービスに誇りが持てる企業で働きたい
・自分の価値観や考え方に合った理念・方向性を持つ企業で働きたい
・会社の中で出世することで、周りの人に認められたい
・より良い仕事をしたり、仕事の幅を広げるために地位・権限を手に入れたい

TYPE3

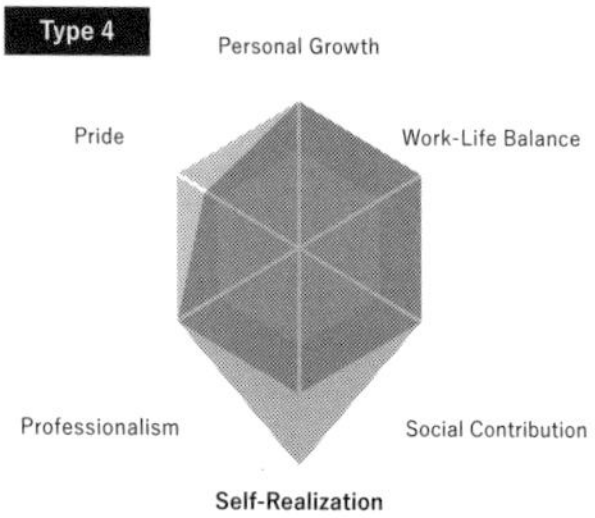

・Self-Realization（自己実現）

このタイプの特徴

・自己実現を重視している
　会社の中で出世することで、周りの人に認められたい
　より良い仕事をしたり、仕事の幅を広げるために地位・権限を手に入れたい
　仕事の内容よりも、有名な一流企業で働きたい
　仕事は自己実現を図るものであり、自身の夢や希望をかなえたい
・仕事は生活を支えるために必要であるが、プライベートの時間は割きたくない
・業績が安定した企業で不安を抱くことなく働きたい
・とにかく人間関係にわずらわされずに働けることが一番である
・仕事は報酬を得るためのものであり、より多く稼ぎたい

TYPE5

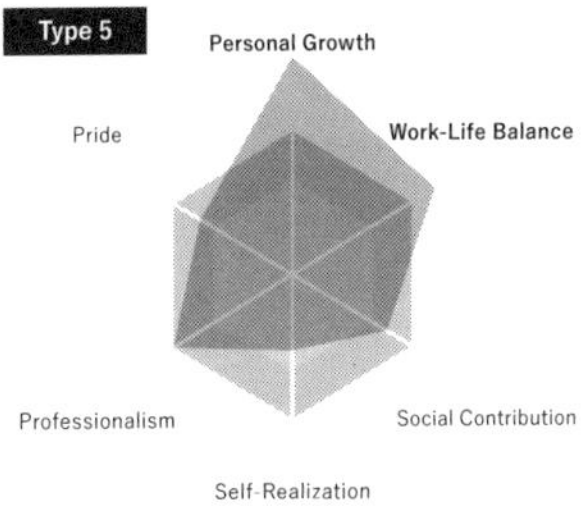

・Personal Growth（自己成長）
・Work-Life Balance（ワークライフ・バランス）

このタイプの特徴
・仕事を通じて自分のスキルや能力を上げたい
・仕事は生活を支えるために必要であるが、プライベートの時間は割きたくない
・どちらかというと仕事よりプライベートを優先したい
・業績が安定した企業で不安を抱くことなく働きたい
・仕事は報酬を得るためのものであり、より多く稼ぎたい

TYPE6

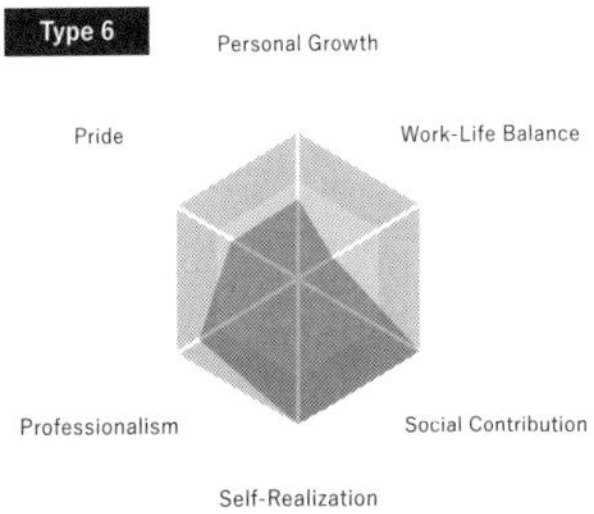

・6つの因子への反応が全体的に低い
・他のタイプとの比較をせず、Type 6だけで見ると、Social Contribution（社会貢献）とSelf-Realization（自己実現）が比較的高い

このタイプの特徴
・仕事に対して過度な期待を抱かず、働くことの意義にこだわりすぎない
・他のタイプと比較して、このタイプ独自の顕著な特徴がない

3 ― マイ・パーパス施策導入にあたって

自社のパーパスの浸透を進める上で、マイ・パーパスという概念を取り入れるのは効果的です。ただし、自社が適切にそれを活用することができるかどうかを判断するためには、まず自社の組織内のマイ・パーパスの傾向や特徴を的確に把握することが重要です。

定義の認識統一

マイ・パーパスの捉え方は、さまざまです。ワーキングライフのパーパスを指す考え方もあれば、プライベートライフのパーパスを指す考え方もあります。そのため、最初のステップでは、自社でマイ・パーパスについての定義と認識を統一化します。

組織におけるマイ・パーパス・タイプの理解

組織によって、マイ・パーパス・タイプの分布は異なります。プライベートライフで生きることに意義を見出す人が多い組織、ワーキングライフを大切にしている人が多い組織などさまざまです。後者の組織の場合でも、その中で働く意義を見出す要素は多様です。従業員がどのようなことに働く意義を見出しているかを把握するために、時には調査が必要になります。

マイ・パーパスにおける戦略の策定

マイ・パーパスを使ったワークショップの実施など、具体的な施策に注目しがちですが、組織文化や個人の働く意義を見極めた上で、自社がマイ・パーパスにどう向き合うかを明確に決めること。その上で、従業員のモチベーションを組織のパーパスとうまく連動させる取り組みをスタートさせることが必要です。

パーパス策定・浸透
Q&A

私たちがパーパスに関してよく受ける質問と
その回答をまとめました。

Q：パーパスに独自性は必要ですか？抽象的でありふれたものになってしまってはいけないのでしょうか？

パーパスを見つけ、表現するまでには、かなりのプロセスを要します。このプロセスの間に、パーパスそのものばかりに焦点を当ててしまいがちです。木を見て森を見ず、とならないように、パーパスはあくまで、ブランドの中の一部であることを忘れてはいけません。

どういうことかというと、多くの競合と戦う市場内では、ブランドというものは他とは差別化されて、独自性のあるものであるべきです。しかし、パーパスは、ブランドの大事な一部ではありますが、「ブランドを差別化させるためだけの役割」は担っていません。

例を一つ見てみましょう。「enrich lives（人々の人生を豊かにする）」というステートメント。とても抽象的で、あまりユニークとは言えません。どの企業でも、このステートメントをパーパスとして掲げることができるでしょう。これは実はアップルのパーパスであり、アップルの道しるべとなるものですが、このパーパス自体に独自性はなくとも、アップルというブランドの差別化は、商品、サービス、コミュニケーションを通して行われています。

また、ある会社に「Refresh the world」というパーパスがあるとします。どんな会社のパーパスだと思いますか？このパーパス・ステートメントは、例えば飲料、スポーツ、レクリエーション・旅行などに関連するどんな会社が使っても違和感はないでしょう。実はこの「Refresh the world」は、コカ・コーラ社のパーパスです。

こうした、どんな企業が使っても良いような、抽象的で汎用性が高いパーパスは、規模の大きな企業にむしろ適しています。

すでにブランドとして実績があり、人々がストーリーをすでによく知っている場合や暗黙の理解があるからこそ、このようなパーパスの設定が可能だと考えられます。では、あえてそこに独自性を打ち出していないのはなぜなのでしょうか?それは、パーパスが具体化しすぎると、それを自分ごと化する際の障害になってしまうことがあるからです。どんなに多様性のある大規模な組織であっても、そこで働く人々一人ひとりが自らパーパスを実行していかないとならないわけですから、すべてを包括するパーパスは抽象的でも構わないのです。

良い比喩を一つ。ブランドを果実、ブランドパーパスをその種として考えてみましょう。例えば、レモンとみかん。見た目も感触も味も全く異なる2つですが、種だけをみるとそこまで変わらないのです。パーパスがユニークであるかどうかの問題以前に、そのパーパスが「ブランドそのものを差別化」させる役割をどこまで果たすのかを考えなければならないのです。

Q：パーパスを表現する際に、コピーライターは必要ですか？

まずお伝えしたいのは、パーパスは「響きのよいキャッチコピー」ではないということです。パーパスを対外的に示す場合もちろん響きは良い方がいいですが、しっかりと意味が伝わり、パーパスとしての役割を果たすものでなくてはなりません。

この質問に答えるためには、実際にパーパス・ステートメントがどんな場面で使われるのかを考えてみましょう。以下の３つが典型的なケースです（なお、どれか一つに限るということではなく、全てのケースのためにパーパスが使われるということもありえます）。

- **ケース１：ブランディングのために顧客にパーパスを伝える。**
- **ケース２：従業員のやる気をパーパスで向上させる。**
- **ケース３：パーパスを決断の拠り所として使う**（例：企業内でのプロジェクトや商品）。

パーパス・ステートメントの根本的な役割は、なぜそのブランドが存在するかを明確にすることです。しかし、パーパスが果たす役割はそれだけではなく、それがどこへ向けてのものに使われるか次第で、ステートメントの表現方法は変わってくるのです。

・ケース1と2　（ブランディング＋社内のモチベーション向上）

例えば右記のケース1と2（ブランディング＋社内のモチベーション向上）の場合、パーパスは従業員や顧客の感情的な反応を導かなければなりません。つまり、顧客を共感させ、従業員をインスパイアする必要があります。そのためにはクリエイティビティが必要で、コピーライティングが求められます。

・ケース3　（決断の拠り所としてのパーパス）

ケース3、つまり社内での決断の拠り所としてのパーパスであれば、パーパスは明確ではっきりしたものでなくてはなりません。この場合は、クリエイティブ・ライティング抜きでも達成可能です。

私たちの過去の事例では、クライアントがコピーライターなしに新商品用のパーパスを策定するケースもありました。これらのパーパスはマーケティングで実際に使われることはなく、主に内部のチームやパートナーのブランド体験づくりに一貫性を持たせるためのものでした。

パーパスの汎用性

パーパスには多種多様な使い方があり、企業のさまざまなビジネスシーンでも使うことができます。

例

・チーム（部署）ごとのパーパス
・ブランドパーパス
・キャンペーン企画のパーパス
・プロジェクトのパーパス

このようにそれぞれ異なる文脈の中で、コピーライティングが必要かどうかは、パーパスがどう使われるか次第で変わってきます。

パーパスを策定する上での最後のステップが言葉での表現であり、そこには主観が混ざってしまいがちです。主観を取り除くべきだ、というわけではなく、パーパスは一歩引いて考える必要があり、そしてマーケティング用のスローガンではないことを肝に銘じてないといけません。

すでにお伝えした通り、パーパスの根本的な役割は「なぜこのブランドが存在するのか」という質問に対する答えです。これはパーパスが乗り越えなければいけない最初の試練であり、このハードルを越えて初めて、そしてそのパーパスが誰にどう使われるのかを考慮した上で、そのパーパスの表現が適したものなのかどうかの評価ができるようになるのです。

Q：パーパスは部門ごとに策定しても良いですか？

組織によっては、組織全体のパーパスだけでなく、事業部門やチームなど、組織のレイヤーや領域でのパーパスが必要となってくることがあります。これは特に、組織の規模が大きいほど起こります。チームが組織のパーパスとのつながりを見出せるようにするため、チームごとや事業部門ごとに、それぞれのパーパスを明文化することもできます。重要なのは、これらの「サブ・パーパス」は会社のパーパスを含んだものではあるが、より具体的で、各チームにより関連したものである必要があるということです。

P&Gやユニリーバのような消費財企業は、その一例です。これらの企業は、会社全体を包括する一つのパーパスを持っています、個々の製品ブランドは、独自のパーパスを持ち、その製品ブランドが誰を対象とし、何をするのかを示しています。

また、組織内でも、中核的な事業活動をサポートする間接的な部署にとっては、会社のパーパスをさらに部署的な解釈に落とし込み明文化することで、自分たちの仕事を全社的なパーパスにつなげやすくなります。

例えば、世界的な金融会社であるプルデンシャル・ファイナンシャルでは、「We make lives better by solving the financial challenges of our changing world.（変化する世界の中で金融の課題を解決することにより、人々の生活をより良いものにすること）」をパーパスとしています。内部監査チームには、彼らの仕事を全社的なパーパスに結びつけるために、「組織のパーパスに照らして、経営層に有益な情報を提供することで、自信を持った意思決定ができるようにするために存在する」という独自のパーパスを設けています。プルデンシャルの取締役会メンバーであるロバート・ファルゾン氏は、「内部監査チームは、個人に商品を販売したり、金融保障を提供する最前線にいるわけではないが、彼らの仕事は、それを行っている従業員に力を与えることである」と説明しています。

・組織全体のパーパスが組織の各分野にどの程度関連しているかを考える際、部門の業務が組織のパーパスから逸脱しているようであれば、部門のパーパスを明文化することを検討すべきでしょう。

・それらのチームが部門ごとのパーパスを明確にすることで、方向性がより明確になり、仕事に良い影響を与える可能性がある場合も、部門のパーパスの明文化を検討すべきです。

また、浸透施策のページでご紹介している「解剖会」のフェーズで、こうした「サブ・パーパス」を考えたり策定したりすることがあります。詳しくはP.180にてご確認ください。

Q：浸透活動は何年計画で設計すべきですか？長期的だとしても、ひとまずの目安が欲しいです。

ひとまずの目安としては、2~3年です。ワークショップ内で1~3年でアイデア出しをしてもらいます。状態ゴールにいつ達成できそうかは組織によって異なるので、その感覚もワークショップで得、それを参考に何年間を目標にするのかを決めます。

Q：浸透度は、どのように測ったら良いのでしょうか？

定量的、定性的に測ることが可能です。定量的には、既存の社内調査でも調査設計を工夫することで浸透度を測ることをおすすめしています。定性的には、さまざまな部署やポジションの従業員からヒアリングを行うことで浸透度を理解することが可能です。しかしながら、浸透度を測ることが目的になってはいけないので、それをどう活用していくのか調査の前に検討することが重要です。

Q：浸透施策は、どこまでコントロールすべきでしょうか？例えば、人事がパーパス表彰制度をつくったり、広報がＰＲ用のパーパスムービーをその部門だけで進めるのは良しとすべきでしょうか？

最初の実務として実装されるまでは、推進チームが各部署と連携していた方が良いです。実務として落ち着いたら、必ずしもパーパス浸透の推進チームが全部を細かく見る必要もありません。ただ、ある程度、活動内容を把握していることは重要で、全体の進捗と改善に役立てます。

Q：浸透施策の重要性はわかりますが、すでに社内活性化プロジェクトを多く行っていて、従業員への負担が気になります。

施策は、「絶対にこれでなければならない」というものはなく、各社に合ったものを推進していくべきです。しかしながら、良いと思われる施策でも、その他、多くの社内横断プロジェクトが走っていると、従業員からは「また、やるのか」という声が上がってくることもあります。そのような状況が見込まれる場合には、パーパス浸透のプロジェクトを無理に推し進めるのではなく、既存のプロジェクトにうまく付加することはできないか、他のプロジェクトのことここでも浸透を促せるのではないか、など効率良く進めることや優先順位をつけることを視野に入れて、推進チームも従業員もなるべく少ない負担で長く続けられるような仕組みをつくっていきましょう。

Q：浸透度が、部門によって大きく異なる場合にはどうしたら良いのでしょうか？

同じプログラムを提供しても、部門や部署によって大きく浸透度が異なる場合は、まずリーダーのコミットメントを見てみましょう。リーダーのコミットメントによって、部門の浸透度が変化するのが一般的です。それが足りないようであれば、経営者ワークショップや、部門長ワークショップなどに再度参加を促すことも効果的です。また、部門リーダーのボスである社長との対話などから、部門リーダーのパーパスへの理解、共感、信頼を醸成していくことが可能です。

その他の社内調査結果などとも比較してみると、その部門の課題が浮き彫りになってきます。

第７章

実現

グレートネス

1 ― パーパスを実現しつづける

パーパス主導企業がもたらすグレートネスとは？

パーパスという概念を日本に広めるにあたって、私たちエスエムオーには3つのキーワードがありました。それは、パーパス、ムーブメント、グレートネスです。人の心を動かす明確なパーパスを見つけることは重要ですが、パーパス単体では何も起こりません。そのパーパスに基づいて、人々を巻き込み、行動を起こさなければなりません。これがムーブメントです。そしてムーブメントのサイクルが回りだし、パーパスに突き動かされたアウトプットが次々に現われ、パーパスの実現に向けた行動が実際に起こり続ける状態にあること、それが、私たちが考えるグレートネスです。

では、グレートネスをもたらす企業とは、一体どんなものなのでしょうか？

グレートネスをもたらす企業のことを、私たちは「グレート・カンパニー」と呼びます。もちろん、パーパスを持つことが大前提です。論点はこのパーパスの中身です。『WHYから始めよ！―インスパイア型リーダーはここが違う』の著者サイモン・シネックの次の言葉は印象的です。

車の目的はガソリンを買うことではありません。会社のパーパスはお金を稼ぐことではありません。車の目的はどこかに行くことであり、燃料はそれを助けるものです。会社のパーパスは何かを成し遂げること、より大きな目的を進めること、社会に貢献することであり、お金はそれを助けるものです。

つまり、グレート・カンパニーのパーパスは利益ではなく、利益以上のものでなくてはなりません。近年、企業が関わる社会的な側面をパーパスという概念に含む流れがあります。例えば社会課題の解決やSDGsの実現、マルチステークホルダー主義など、それらを意識し反映したパーパスをよく見かけるようになりました。しかし、パーパスは必ずしも社会的な側面を取り入れる必要はなく、私たちの解釈ではもっとその手前にあり、抽象的なところで捉えています。パーパスは、企業の存在する理由であり、大義であり、人々の心にエネルギーを与える

ものです。

グレート・カンパニーの行動による影響

利益を上げながらグレートネスをもたらす。そのグレートネスとは何か？一言で言えば、その会社の周りの人々や、その組織が活動している場所に良い影響を与えるかどうかということです。1994年、ジム・コリンズはジェリー・ポラスと共著で『ビジョナリー・カンパニー〜時代を超える生存の原則』を出版しました。その本では、ビジョナリー・カンパニーについて次のように語っています。

ビジョナリー・カンパニーは、長期的な財務リターンを生み出すだけでなく、社会の構造に織り込まれています。

また、近年の優れた企業の調査では、ジム・ステンゲルの『本当のブランド理念について語ろう』が該当します。本書では世界中の5万のブランドの中から、異常な成長を遂げた50社を特定しました。2000年代にわたり、この50社は米国のS&P500が示す株価指数よりも

400%高い投資収益率を生み出しました。これらのブランドは、独自の理念に基づき、顧客に愛されるブランドでもあります。ジム・ステンゲルによると、この50社は以下の5つのカテゴリーのいずれかで、人々の生活を向上させています。

・喜びを感じさせる
・結びつきを助ける
・探究心を刺激する
・誇りをかき立てる
・社会に影響を及ぼす

グレートネスとは、社会や文化にポジティブな影響を与えることです。さらに、これらの5つのカテゴリーは、企業がどのように人々や世界に影響を与えることができるかをより具体的に示しています。

企業に求められる「ビューティフル・ビジネス」

古典的なビジネス書や多くの現代のビジネス書は、一般的にグレートネスの文脈で知名度のある大企業を取り上げています。そうした企業はよく周知され、研究データが豊富なためアクセスしやすいのです。そのため、ビジネス書が取り上げている企業に偏りがありグレートネスが企業規模に関係するというバイアストラップに陥ることがありますが、そうではありません。ここで、「スモール・ジャイアンツ」という概念が重要になってきます。これは、アメリカの著名なビジネス誌の編集長であるボー・バーリンガムが提唱したものです。彼はスモール・ジャイアンツについて次のように説明しています。

「投資に対して良いリターンを得たいと思わないわけではありませんが、それが最優先の目標ではありません。彼らはまた、自分たちの仕事で優れた成果を上げ、働きやすい環境をつくり、顧客に素晴らしいサービスを提供し、サプライヤーと良好な関係を築き、生活し、働くコミュニティに大きく貢献し、自分たちの生活を充実させる方法を見つけることにも大いに関心があります。さらに、これらすべてのことに優れるためには、所有権とコントロールを会社内部に保ち、場合によっては成長の速度と規模に大きな制限を設ける必要があることを学びました」

『ビジョナリー・カンパニー』の著者であるジム・コリンズは、スモール・ジャイアンツについて次のようにコメントしています。

「規模がグレートネスを意味するわけではなく、グレートネスが規模を意味するわけでもありません。（big does not equal great, and great does not equal big）」。

それは、人々や「世界」に対するポジティブな影響に関するものです。つまり、ポジティブな影響をもたらしていることが重要であり、その規模は問題ではないのです。

数年前、私たちはスターバックスやＩＢＭをクライアントに持つアメリカのコンサルティング会社SYPartnersの創設者であるキース・ヤマシタ氏にインタビューする機会がありました。このインタビューの中で、彼は「Beautiful business」（ビューティフル・ビジネス）という概念を教えてくれました。

「SYPartnersでは、“Beautiful business”というフレーズを使っていて、それは世界に与えるポジティブなインパクトを追求するビジネスを意味しています。自社の利益ばかりを考えるのではなく、従業員のことを考えたビジネス、もしくはコミュニティのための、地球のためのビジネス。個人的には、日本はもともと、長期的な考え方ができる国だと思っています。Beautiful businessをより広げていくためにも、元来そういう考え方のあった日本企業にどんどん率先していってほしいです」

数学の分野には「Mathematical Beauty」(数学的な美)という概念があります。もちろん、「美」「美しい」は主観的ですが、数学の問題が美しく解かれると、以下の特性を示すことがあります。

・複雑な問題をその本質にまで簡潔化する
・異なる数学分野や一見関連のない概念とのつながりを持つ
・巧妙で革新的なアプローチを通じて人間の創意工夫を示す
・長年の未解決問題を解決するか、新しい可能性を開く重要な基盤となる

シンプルさ。多様なアイデアの統合。人間の創意工夫。難しい問題の解決。未来の可能性を創造すること。これらは数学における「beautiful solution」に共通するテーマであり、ビジネスにも同様に適用できます。本質的に、パーパス主導型の経営は、パーパスを活かしビジネスや人類が直面する問題を解決することです。どのようにして「beautiful」の形でパーパスを実現し、グレートネスを創出することができるでしょうか?私たちエスエムオーでは、このテーマを探求し続けています。そして皆さんも、この探求に参加してほしいです。

あなたにとっての「beautiful business」について考え、思いを巡らせてみてください。

あなたにとって「beautiful business」とは何でしょうか？

おわりに

パーパスは魔法の言葉ではない、ということが、おわかりになっていただけたでしょうか？パーパスが日本でも話題になって、数年が経ちます。バズワードになり、「パーパスを策定すれば、なんでも解決する」というような魔法の言葉、と間違って捉えているケースも多く見てきました。パーパスは、ビジネスを持続的に成長させるためには絶対的に必要なものでありますが、策定して終わりではその効果を得ることはできません。

本書を読んでくださった方の中には、「パーパスが浸透するための道のりは、長く厳しいな」と、思われた方も多くいらっしゃると思います。その通り、パーパスは策定しても、浸透しても終わりはありません。ステークホルダーは入れ替わるし、時代も自分たちも変わっていきます。やり続ける覚悟がなければ、パーパスは導入しない方が良い、と経営者の方に言い続けるのはそのためです。

逆を言えば、覚悟を決めて、正しく浸透活動を行っていけば、偉大な企業になる可能性が高くなります。

私はよく「20年後はブランドしか残らない」と言っています。これは、成長し続ける企業、ブランドは20年後、今と同じ人、同じ事業はやっていない、という意味です。人も事業も成長し形を変えていきます。その時に、変わらず残り続けるのは、企業名やブランド名です（時に企業名やブランド名も変わることもありますが）。そこに直結するのは「パーパス」であり、なんのために存在するのか、という理由に他なりません。「ブランディングは企業価値を上げるもので、経営そのものである」「ブランディングは経営マターになるべきだ」と言っているのも、そのような理由からです。パーパス、という本質を捉え、後世に残るビジネスを構築していく企業やブランドが一つでも多くあれば、嬉しい限りです。

最後に、前著の時も担当してくださり、今回も叱咤激励しながらまとめてくれた宣伝会議の篠崎さん、素敵なデザインをしてくださった山田和寛さん、一緒に本をつくり上げてくれたエスエムオーのみんな、旅先でも原稿を書いていた私をあたたかく見守ってくれた家族、本当に本当にありがとうございます。誰一人でも欠けたら完成することがなかったであろう、この本が、読者のみなさんのビジネスのヒントになると信じています。

参考文献・参考ウェブサイト

『DEEP PURPOSE 傑出する企業、その心と魂』ランジェイ・グラティ著　東洋館出版社　２０２３年
『ハート・オブ・ビジネス「人とパーパス」を本気で大切にする新時代のリーダーシップ』ユーベル・ジョリーほか著　英治出版　２０２２年
『ビジョナリー・カンパニー時代を超える生存の原則』ジム・コリンズ著　日経ＢＰ社　１９９５年
『the four GAFA 四騎士が創り変えた世界』スコット・ギャロウェイ著　東洋経済新報社　２０１８年
『マーケティング発想法』セオドア・レビット著　ダイヤモンド社　１９７１年
『本当のブランド理念について語ろう「志の高さ」を成長に変えた世界のトップ企業50』ジム・ステンゲル著　ＣＣＣメディアハウス　２０１３年
『日本における経営理念の歴史的変遷 経営理念からパーパスまで』野林晴彦著　中央経済社　２０２４年
『スターバックス再生物語　つながりを育む経営』ハワード・シュルツほか著　徳間書店　２０１１年
『ＷＨＹから始めよ！インスパイア型リーダーはここが違う』サイモン・シネック著　日本経済新聞社出版　２０１２年
『FIND YOUR WHY あなたとチームを強くするシンプルな方法』サイモン・シネックほか著　ディスカヴァー・トゥエンティワン　２０１９年
『パーパス経営 30年先の視点から現在を捉える』名和高司著　東洋経済新報社　２０２１年
『パーパス経営入門 ミドルが会社を変えるための実践ノウハウ』名和高司著　ＰＨＰ研究所　２０２３年
『The PURPOSE ECONOMY』Aaron Hurst著　Elevate　２０１４年

『Kellogg on Branding in a Hyper-Connected World』Alice M.Tybout ほか著　Wiley　２０１９年
『ハーバード・ビジネス・レビュー』２０１９年3月号特集「パーパス」　ダイヤモンド社　２０１９年
『ハーバード・ビジネス・レビュー』２０２０年10月号特集「パーパス・ブランディング」　ダイヤモンド社　２０２０年
『キャリア・ダイナミクス キャリアとは、生涯を通しての人間の生き方・表現である』エドガー・H・シャイン著　白桃書房　１９９１年
『経営理念浸透のメカニズム』田中雅子著　中央経済社　２０１６年
『経営人類学ことはじめ 会社とサラリーマン』中牧弘允・日置弘一郎（編集）　東方出版　１９９７年
『Small Giants［スモール・ジャイアンツ］事業拡大以上の価値を見出した14の企業』ボー・バーリンガム著　アメリカン・ブック&シネマ　２００８年
・Nintendo CSR Report 2015 (English version)
https://www.nintendo.com/en-gb/News/2015/June/Nintendo-transforms-iconic-series-to-give-players-unique-gaming-experiences-1026156.html?srsltid=AfmBOop9SgGEhRwe6Qs3w9PM3nfmlF1-xFR-sMuQCpFXIZTxrpdvfo6X (edited)
・KPMG　https://www.kpmguscareers.com/why-kpmg/
・KPMG 10 thousand Stories　https://www.youtube.com/watch?v=o2TQk9mS7_Q
・りそなグループ　パーパスコンセプトムービー　https://www.youtube.com/watch?v=fllHZhwQkt8
・三菱電機「Our Purpose」篇　https://www.youtube.com/watch?v=fllHZhwQkt8

・三菱ＵＦＪフィナンシャル・グループ　「世界が進むチカラになる。」
https://www.youtube.com/watch?v=I7kXKzwyqBk
・パナソニック コネクト「かなえよう。つながる現場」篇
https://www.youtube.com/watch?v=euZ0jiQ4nrY&list=PLlZnCjKnfR2auxTvN3UoYjcM2yTNp3kwd

付録

策定関与者400名に聞く
「パーパス策定のリアル　浸透編」

エスエムオーでは、日本経済社と共同で、企業のパーパス策定関与者400 名に対して調査を実施しました。P.52の策定編に加えて、こちらの付録では、浸透に関する調査結果とそこからの示唆を紹介しています。

Q あなたの会社では、パーパスをどのように
社内へ伝えていますか。（複数回答）

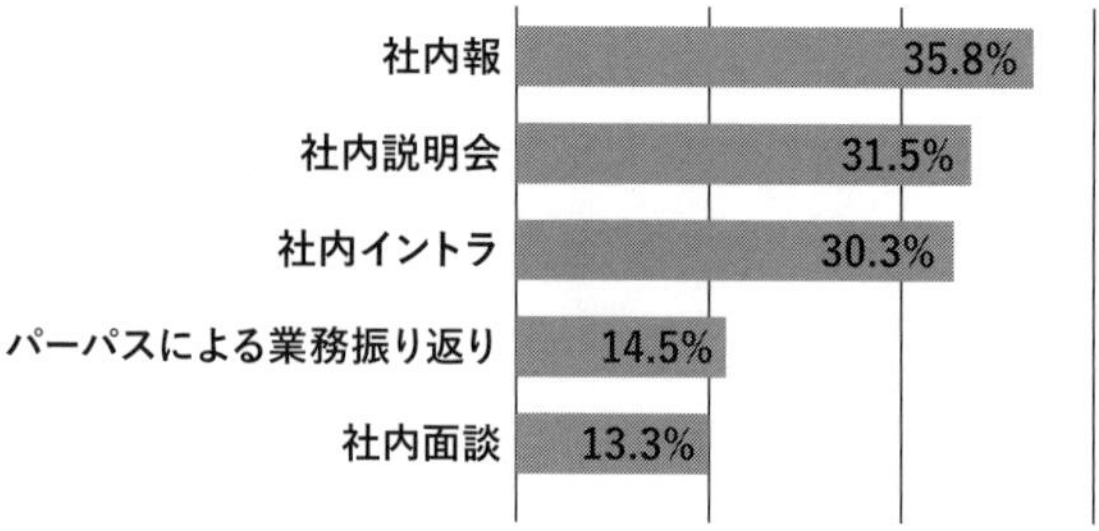

Q パーパスを社内に広めるにあたり大変だったこと、
苦労したことは何ですか。（複数回答）

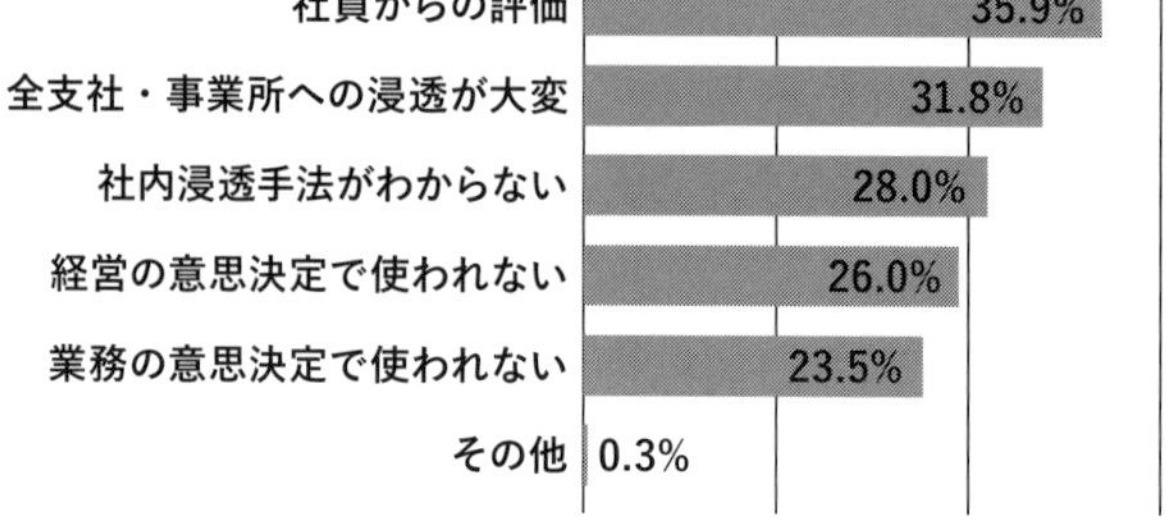

Q あなたの会社では、パーパスをどのように社外へ伝えていますか。（複数回答）

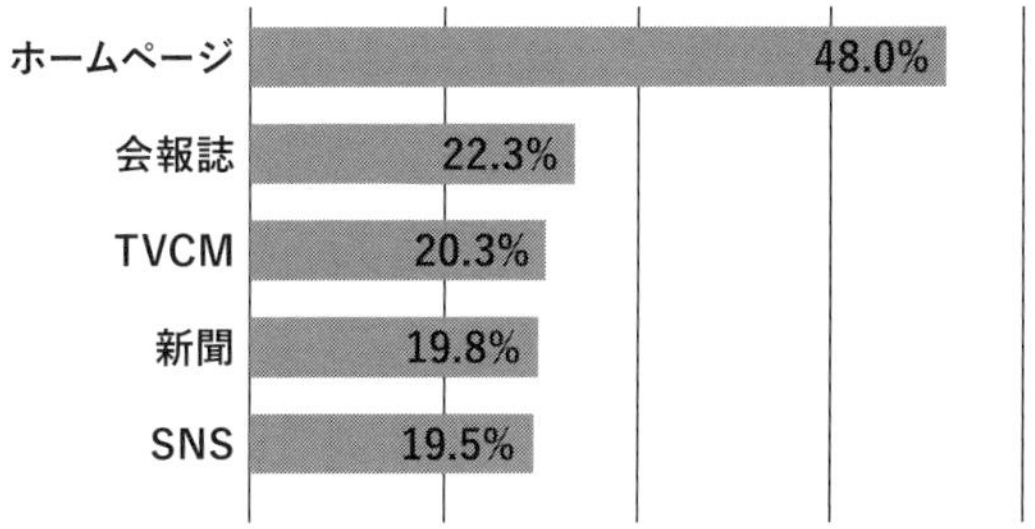

Q 外部発信をしていない方は、なぜ発信をしないのですか。（複数回答）

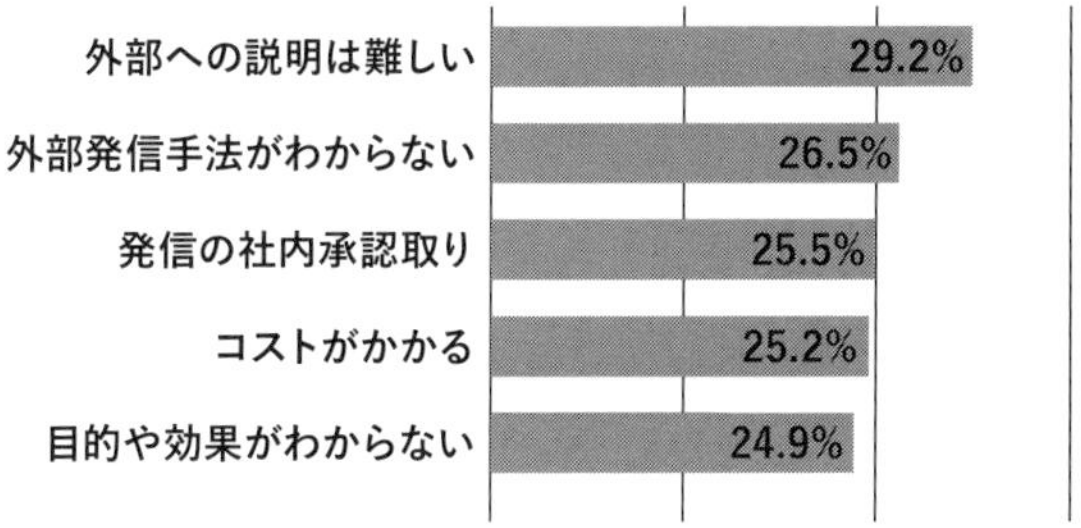

パーパス浸透における成功への3つのポイント

01 社内浸透は「社員評価」を高める施策が重要。

社内浸透は「社員からの評価」が重要。策定して終わりではなく、「社内説明会での発信」や「経営の意思決定での活用」など、社員評価を高めるための施策を粘り強く丁寧に取り組むこと。

02 社外浸透は、まずは「ホームページ」で発信浸透強化は外部の活用を。

社外への説明が難しい（29.2%）、パーパスの外部発信手法がわからない（26.5%）など、配信方法が課題となりやすいため、効果を高めるためにも必要に応じて専門外部を巻き込むこと。

03 パーパス効果を全社に波及させるためには、社内外への浸透を丁寧に行い、正しく活用される環境づくりを。

約9割が社内外の浸透施策を実施する一方で、特定の部署やステークホルダーのみにとどまり、活用しきれず効果が限定的な企業も存在するため、浸透計画は策定段階から詰めておくこと。

パーパス策定に関する実態調査
調査対象者：20〜69歳の男女
調査実施期間：2022年12月15日（木）〜12月19日（月）
※楽天インサイト仕事パネルで「総務、経理、人事の方」に対してスクリーニング調査を実施。下記条件該当者を本調査の対象者とする。
・勤め先で3年以内にパーパスを策定している
・パーパス策定に関与している
・スクリーニング調査：n=8,320　本調査：n=400
・インターネット調査

付録

プライム上場企業の
パーパス・ステートメント・リスト

エスエムオーでは、2022年から毎年、東証プライム上場企業を対象に、全企業の企業理念およびその呼称を調査しています。その中で、理念に「パーパス（もしくは英語でPurpose）」を公式に掲げている企業をリスト化しました。

付録では、2024年度のパーパス・ステートメント・リストの236社（時価総額順）を掲載しています。

	銘柄名	Purpose Statement	Comments (呼び名・呼称・その他メモ)
1	三菱UFJフィナンシャル・グループ	世界が進むチカラになる。	Purpose（存在意義）
2	ソニーグループ	クリエイティビティとテクノロジーの力で、世界を感動で満たす。	Purpose（存在意義）
3	第一三共	世界中の人々の健康で豊かな生活に貢献する	パーパス（存在意義）
4	東京海上ホールディングス	お客様や地域社会の“いざ”をお守りすること	パーパス（存在意義）
5	日本たばこ産業	心の豊かさを、もっと。	JT Group Purpose
6	みずほフィナンシャルグループ	ともに挑む。ともに実る。	パーパス（社会的な役割・存在意義）
7	武田薬品工業	私たちの存在意義 タケダは、世界中の人々の健康と、輝かしい未来に貢献するために存在します。	私たちの存在意義 ［英］Purpose
8	三菱電機	私たち三菱電機グループは、たゆまぬ技術革新と限りない創造力により、活力とゆとりある社会の実現に貢献します。	企業理念［英］Purpose
9	ゆうちょ銀行	お客さまと社員の幸せを目指し、社会と地域の発展に貢献します。	PURPOSE(パーパス)
10	ルネサスエレクトロニクス	To Make Our Lives Easier	Purpose
11	MS&ADインシュアランスグループホールディングス	グローバルな保険・金融サービス事業を通じて、安心と安全を提供し、活力ある社会の発展と地球の健やかな未来を支えます	経営理念(Mission)＝パーパス
12	富士通	イノベーションによって社会に信頼をもたらし、世界をより持続可能にしていく	パーパス
13	小松製作所	ものづくりと技術の革新で新たな価値を創り、人、社会、地球が共に栄える未来を切り拓く	存在意義 ［英］Purpose
14	富士フイルムホールディングス	地球上の笑顔の回数を増やしていく。	グループパーパス
15	アドバンテスト	先端技術を先端で支える	経営理念 (パーパス&ミッション)
16	オリックス	変化に挑み、柔軟な発想と知の融合で、未来をひらくインパクトを。	Purpose（存在意義）
17	テルモ	「医療の進化」と「患者さんのQOL向上」への貢献	Terumo's Purpose
18	第一生命ホールディングス	共に歩み、未来をひらく　多様な幸せと希望に満ちた世界へ	Purpose（グループの社会における存在意義）
19	花王	豊かな共生世界の実現	Our Purpose

20	日本電気	NECは、安全・安心・公平・効率という社会価値を創造し、誰もが人間性を十分に発揮できる持続可能な社会の実現を目指します。	Purpose（存在意義）
21	ユニ・チャーム	SDGSの実現	パーパス（存在意義）
22	味の素	アミノサイエンス®で、人・社会・地球のWell-beingに貢献する	志（パーパス）
23	SOMPO ホールディングス	“安心・安全・健康”であふれる未来へ	パーパス
24	オリンパス	世界の人々の健康と安心、心の豊かさの実現	OUR PURPOSE （私たちの存在意義）
25	野村ホールディングス	金融資本市場の力で、世界と共に挑戦し、豊かな社会を実現する	パーパス
26	大和ハウス工業	生きる歓びを、未来の景色に。	“将来の夢”（パーパス）
27	三井住友トラスト・ ホールディングス	信託の力で、新たな価値を創造し、お客さまや社会の豊かな未来を花開かせる	存在意義（パーパス）
28	日本ペイント ホールディングス	サイエンス+イマジネーションの力で、わたしたちの世界を豊かに。	Purpose／わたしたちの存在意義
29	関西電力	「あたりまえ」を守り、創る	存在意義（Purpose）
30	りそなホールディングス	金融+で、未来をプラスに。	りそなグループパーパス
31	日産自動車	人々の生活を豊かに。イノベーションをドライブし続ける	コーポレートパーパス
32	塩野義製薬	SHIONOGIは、常に人々の健康を守るために、必要な最もよい薬を提供する。	目的［英］Purpose
33	バンダイナムコ ホールディングス	Fun for All into the Future （中略）エンターテインメントが生み出す心の豊かさで、人と人、人と社会、人と世界がつながる。そんな未来を、バンダイナムコは世界中のすべての人とともに創ります。	Bandai Namco's Purpose
34	キリンホールディングス	（一部抜粋）「酒類メーカーとしての責任」を前提に、「健康」「コミュニティ」「環境」という社会課題に取り組むことで、こころ豊かな社会を実現し、お客様の幸せな未来に貢献します。	CSVパーパス
35	住友電気工業	トップテクノロジーを追求し、つなぐ・ささえる技術をイノベーションで進化させ、グループの総合力により、より良い社会の実現に貢献していく	存在価値（パーパス）
36	サントリー 食品インターナショナル	人と自然と響きあい、豊かな生活文化を創造し、「人間の生命（いのち）の輝き」をめざす。	わたしたちの目的 ［英］Our Purpose
37	安川電機	当社グループの使命は、その事業の遂行を通じて広く社会の発展、人類の福祉に貢献することにある	私たちの存在意義（パーパス）
38	西日本旅客鉄道	人、まち、社会のつながりを進化させ、心を動かす。未来を動かす。	パーパス（私たちの志）

39	SCREEN ホールディングス	人と技術をつなぎ、未来をひらく	存在意義［英］Purpose
40	いすゞ自動車	地球の「運ぶ」を創造する	PURPOSE（使命）
41	東京ガス	人によりそい、社会をささえ、未来をつむぐエネルギーになる。	PURPOSE（存在意義）
42	TOPPAN ホールディングス	人を想う感性と心に響く技術で、多様な文化が息づく世界に。	Purpose（存在意義）
43	三菱ケミカルグループ	私たちは、革新的なソリューションで、人、社会、そして地球の心地よさが続いていくKAITEKIの実現をリードしていきます。	Purpose
44	日本航空	多くの人々やさまざまな物が自由に行き交う、心はずむ社会・未来を実現し、世界で一番選ばれ、愛されるエアライングループを目指します。	Our Purpose
45	電通グループ	an invitation to the never before.	PURPOSE
46	千葉銀行	一人ひとりの思いを、もっと実現できる地域社会にする	パーパス
47	大東建託	託すをつなぎ、未来をひらく。	グループパーパス
48	横河電機	測る力とつなぐ力で、地球の未来に責任を果たす。	Yokogawa's Purpose
49	かんぽ生命保険	お客さまから信頼され、選ばれ続けることで、お客さまの人生を保険の力でお守りする	社会的使命（パーパス）
50	マツダ	前向きに今日を生きる人の輪を広げる	PURPOSE
51	セイコーエプソン	「省・小・精」から生み出す価値で人と地球を豊かに彩る	パーパス
52	東宝	健全な娯楽を広く大衆に提供すること	パーパス
53	KOKUSAI ELECTRIC	技術と対話で未来をつくるKOKUSAI ELECTLICグループは、技術と対話で創造と革新が生まれる未来を支えます。	～私たちの使命～ Purpose
54	ホシザキ	私たちホシザキグループは多様化する「食」に対するニーズの変化に対応しお客様のみならず　社会に貢献できる「進化する企業」であることを目指します　これを満たすため　独自の技術に基づくオリジナル製品を創造しより快適でより効率的な食環境へ向けての新たな提案と迅速かつ高品質なサービスを提供します	存在意義 ［英］Purpose
55	ブラザー工業	世界中の“あなた”の生産性と創造性をすぐそばで支え、社会の発展と地球の未来に貢献する	あり続けたい姿 ［英］Our Purpose
56	TOTO	豊かで快適な生活文化を創造する。	BRAND PURPOSE
57	良品計画	「人と自然とモノの望ましい関係と心豊かな人間社会」を考えた商品、サービス、店舗、活動を通じて「感じ良い暮らしと社会」の実現に貢献する。	企業理念 ［英］Corporate Purpose

58	レゾナック・ ホールディングス	化学の力で社会を変える	Purpose／存在意義
59	王子ホールディングス	森林を健全に育て、その森林資源を活かした製品を創造し、社会に届けることで、希望あふれる地球の未来の実現に向け、時代を動かしていく	存在意義（パーパス）
60	コーセー	英知と感性を融合し、独自の美しい価値と文化を創造する。	存在理念［英］Statement of Purpose
61	スクウェア・エニックス・ ホールディングス	無限の想像力で、新しい世界を創り出そう。	パーパス
62	キヤノンマーケティング ジャパン	想いと技術をつなぎ、想像を超える未来を切り拓く	パーパス
63	セガサミー ホールディングス	感動体験を創造し続ける～社会をもっと元気に、カラフルに。～	Group Mission／Purpose
64	住友重機械工業	こだわりの心と、共に先を見据える力で、人と社会を優しさで満たします	パーパス（存在意義）
65	エア・ウォーター	地球の恵みを、社会の望みに。	パーパス
66	サイバーエージェント	新しい力とインターネットで日本の閉塞感を打破する	パーパス
67	ベイカレント・ コンサルティング	Beyond the Edge　変化の一番先に立ち、次への扉をともに開く。	パーパス
68	LIXIL	世界中の誰もが願う、豊かで快適な住まいの実現	LIXIL's PURPOSE（存在意義）
69	すかいらーく ホールディングス	食の未来を創造し豊かな生活と社会の発展に貢献する	パーパス（存在意義）
70	東京精密	計測で未来を測り、半導体で未来を創る	パーパス
71	住友ゴム工業	未来をひらくイノベーションで最高の安心とヨロコビをつくる。	Purpose
72	BIPROGY	先見性と洞察力でテクノロジーの持つ可能性を引き出し、持続可能な社会を創出します。	Purpose
73	小林製薬	見過ごされがちな お困りごとを解決し、人々の可能性を支援する	パーパス
74	九州フィナンシャル グループ	私たちは、お客様や地域の皆様とともに、お客様の資産や事業、地域の産業や自然・文化を育て、守り、引き継ぐことで、地域の未来を創造していく為に存在しています	パーパス（存在意義）
75	群馬銀行	私たちは「つなぐ」力で 地域の未来をつむぎます	パーパス
76	山口フィナンシャル グループ	地域の豊かな未来を共創する	使命・存在意義（パーパス）
77	マクニカ ホールディングス	変化の先頭に立ち、最先端のその先にある技と知を探索し　未来を描き“今”を創る。	Purpose
78	高砂熱学工業	環境革新で、地球の未来をきりひらく。	Purpose

79	住友ベークライト	プラスチックの可能性を広げることで、持続可能な社会を実現する	Purpose
80	デクセリアルズ	Empower Evolution. つなごう、テクノロジーの進化を。	パーパス
81	ゴールドウイン	人を挑戦に導き、人と自然の可能性をひろげる	Purpose
82	ひろぎん ホールディングス	幅広いサービスを通じて、地域社会と共に、「未来を、ひろげる。」	パーパス
83	NOK	可能性を技術で「カタチ」に	Our Purpose （NOKの存在意義）
84	ライオン	より良い習慣づくりで、人々の毎日に貢献する（ReDesign）	パーパス／存在意義
85	ニフコ	小さな気づきと技術をつなぎ、心地よい生活と持続可能な社会を創造する	パーパス
86	エクシオグループ	つなぐ力で創れ、未来の“あたりまえ”を。	パーパス
87	日本製鋼所	「Material Revolution®」の力で世界を持続可能で豊かにする。	JSWグループパーパス
88	日揮ホールディングス	Enhancing planetary health	Purpose（存在意義）
89	山九	心に「Thank you」を、世界の産業に山九を。	パーパス
90	コクヨ	ワクワクする未来のワークとライフをヨコクする。	存在意義　パーパス
91	UBE	（中略）社会に必要とされている価値を、社会が求める安全で環境負荷の少ない方法で創り出し、人々に提供していくこと。（中略）地球環境問題の解決に、また人々の生命・健康、そして未来へとつながる豊かな社会に貢献すること。	パーパス（存在意義）
92	セブン銀行	お客さまの「あったらいいな」を超えて、日常の未来を生みだし続ける。	パーパス
93	帝人	Pioneering solutions together for a healthy planet	パーパス
94	三井金属鉱業	探索精神と多様な技術の融合で、地球を笑顔にする。	パーパス
95	テクノプロ・ ホールディングス	『技術』と『人』のチカラでお客さまと価値を共創し、持続可能な社会の実現に貢献する。	パーパス（存在意義）
96	イオンフィナンシャル サービス	金融をもっと近くに。一人ひとりに向き合い、まいにちのくらしを安心とよろこびで彩る。	Our Purpose
97	江崎グリコ	すこやかな毎日、ゆたかな人生	存在意義（パーパス）
98	ビックカメラ	お客様の購買代理人としてくらしにお役に立つくらし応援企業であること	パーパス
99	U-NEXT HOLDINGS	未来を今に近づけるソーシャルDXカンパニー	パーパス

100	古河電気工業	「つづく」をつくり、世界を明るくする。	パーパス
101	タカラトミー	アソビへ懸ける品質は、世界を健やかに、賑やかにできる。	Purpose（存在意義）
102	FUJI	人々の心豊かな　暮らしのために	パーパス
103	日本M&Aセンターホールディングス	～最高のM&Aをより身近に～私たちは、想いをつなぎ、安心してM&Aに取り組める社会をつくります。日本、そして世界で。	パーパス
104	ネットワンシステムズ	人とネットワークの持つ可能性を解き放ち、伝統と革新で豊かな未来を創る	Purpose（志・大義）
105	森永製菓	森永製菓グループは、世代を超えて愛されるすこやかな食を創造し続け、世界の人々の笑顔を未来につなぎます	私たちの使命（パーパス）
106	滋賀銀行	「三方よし」で地域を幸せにする	パーパス（存在意義）
107	アスクル	仕事場とくらしと地球の明日《あす》に「うれしい」を届け続ける。	パーパス（存在意義）
108	CKD	自動化技術の探究と共創を続け　健やかな地球環境と豊かな未来を拓きます。	Purpose
109	MIXI	豊かなコミュニケーションを広げ、世界を幸せな驚きで包む。	パーパス
110	UACJ	素材の力を引き出す技術で、持続可能で豊かな社会の実現に貢献する。	企業理念 [英] Our Purpose
111	デンカ	化学の力で世界をよりよくするスペシャリストになる。	PURPOSE／パーパス
112	オープンアップグループ	幸せな仕事を通じてひとりひとりの可能性をひらく社会に	パーパス
113	パイロットコーポレーション	人と創造力をつなぐ。	パーパス
114	セイコーグループ	革新へのあくなき挑戦で、人々と社会に信頼と感動をもたらし、世界中が笑顔であふれる未来を創ります。	グループパーパス
115	オリエントコーポレーション	その夢の、一歩先へ　Open the Future with You	パーパス
116	サンゲツ	すべての人と共に、やすらぎと希望にみちた空間を創造する。	Purpose（存在意義）
117	ミライト・ワン	技術と挑戦で「ワクワクするみらい」を共創する	Purpose（存在意義）
118	岡三証券グループ	金融のプロフェッショナルとして「お客さまの人生」に貢献する	Purpose（存在意義）
119	レオパレス21	「住まい」をテーマに新たな価値を創造しより良い暮らしを提供する	Our Purpose
120	AREホールディングス	この手で守る自然と資源	パーパス
121	ダイセキ	限られた資源を活かして使う『環境を通じ社会に貢献する環境創造企業』	ダイセキグループのパーパス

122	平和不動産	人々を惹きつける場づくりで、未来に豊かさをもたらす	平和不動産グループパーパス
123	東京きらぼし フィナンシャルグループ	TOKYOに、つくそう。	パーパス
124	飯野海運	安全の確保を最優先に、人々の想いを繋ぎ、より豊かな未来を築きます	企業理念: IINO PURPOSE
125	SWCC	(一部抜粋) いま、あたらしいことを。いつか、あたりまえになることへ。	SWCCパーパス
126	三愛オブリ	人々の生活と産業を支えるパートナーとなる	存在意義（パーパス）
127	エイチ・アイ・エス	「心躍る」を解き放つ	HIS Group Purpose
128	フクシマガリレイ	食といのちの未来を拓く	パーパス
129	エン・ジャパン	誰かのため、社会のために懸命になる人を増やし、世界をよくする～Inner Calling & Work Hard~	パーパス
130	山善	ともに、未来を切拓く	パーパス
131	あいち フィナンシャルグループ	金融サービスを通じて、地域社会の繁栄に貢献します	パーパス（存在意義）
132	オートバックスセブン	社会の交通の安全とお客様の豊かな人生の実現	パーパス（存在意義）
133	名古屋銀行	未来創造業	パーパス（存在意義）
134	NSユナイテッド海運	海上物流で、共に世界の今をつくる責任、未来へつなぐ責任を果たす	パーパス
135	デジタルガレージ	持続可能な社会に向けた“新しいコンテクスト”をデザインし、テクノロジーで社会実装する	Purpose／存在意義
136	ベルシステム24 ホールディングス	イノベーションとコミュニケーションで社会の豊かさを支える	パーパス
137	武蔵精密工業	わたしたちは、テクノロジーへの“情熱”とイノベーションを生み出す知恵をあわせて、人と環境が“調和”した豊かな地球社会の実現に貢献します。	Our Purpose（私たちの使命）
138	東テク	東テクグループは こころ豊かな快適環境を創造します。	PURPOSE／東テクの存在意義
139	船井総研 ホールディングス	サステナグロースカンパニーをもっと。	グループパーパス
140	三井倉庫 ホールディングス	社会を止めない。進化をつなぐ。	PURPOSE（存在意義）
141	ジャフコ グループ	挑戦への投資で、成長への循環をつくりだす	パーパス（存在意義）
142	日本エスコン	IDEAL to REAL～理想を具現化し、新しい未来を創造する～	パーパス
143	トーエネック	いかなる時も、人や社会に“活力と豊かさ”を生み出す快適環境を創り、守る	使命（パーパス）

144	サカタインクス	人々の暮らしを快適にする情報文化の創造	存在意義（パーパス）
145	日伝	つくる人・つかう人の想いを繋ぎ、誠実にモノづくりの未来に貢献する	パーパス
146	太平洋工業	思いをこめて、あしたをつくる～Passion in Creating Tomorrow～	パーパス
147	東邦銀行	すべてを地域のために	パーパス
148	旭有機材	信頼の品質と真摯な対応による安心の提供	存在価値［英］Purpose
149	IDEC	人と機械の最適環境を創造し、世界中の人々の安全・安心・ウェルビーイングを実現すること。	パーパス
150	日新	世界の人々に感動を運び、地球を笑顔で満たす	パーパス
151	スター精密	世界に挑戦する「偉大な中小企業」として社会の持続的発展に貢献する	パーパス（存在意義）
152	テレビ東京ホールディングス	心を温かく、時に熱く。一人ひとりに深く届け、ちょっといい明日へ。	パーパス（存在理由）
153	モリタホールディングス	「安心」を支える技術と絶えざる挑戦で人と地球のいのちを守る	パーパス
154	オカモト	モノづくりの可能性から、身近な「うれしい」を暮らしと社会に造り続ける。	パーパス
155	サイボウズ	チームワークあふれる社会を創る	存在意義（Purpose）
156	東急建設	わたしたちは安心で快適な生活環境づくりを通じて一人ひとりの夢を実現します	存在理念（パーパス）
157	ウェルネオシュガー	糖のチカラと可能性を切り拓き“well-being”を実現する	パーパス（存在意義）
158	アルペン	スポーツをもっと身近に	パーパス（存在意義）
159	トモニホールディングス	社員一人ひとりの成長を組織の成長につなげ、各組織の成長をグループ全体の成長につなげ、お客さま一人ひとり(一社一社)の成長を地域の成長につなげ、各地域の成長を広域の成長につなげていくことにより、すべてのステークホルダーの皆さまとともに成長を紡いでいくこと	パーパス(存在意義)
160	イリソ電子工業	私たちは、お客様の声と提案力で、電路をつなぐ、安心、安全、快適な接続を創造する	パーパス(存在意義)
161	青山商事	ビジネスのパフォーマンスを上げるパーツを提供する会社になる	ブランドパーパス
162	スパークス・グループ	世界を豊かに、健やかに、そして幸せにする	Purpose
163	ユーグレナ	人と地球を健康にする	パーパス
164	TSIホールディングス	ファッションエンターテインメントの力で、世界の共感と社会的価値を生み出す。	Our Purpose／私たちのパーパス

165	住友精化	私たちは、住友精化のケミストリーで、地球と人々の暮らしが直面する課題を解決していきます	パーパス
166	タチエス	人と社会と共生し、快適で豊かな生活空間を創造し続けることで人々を笑顔にする	パーパス
167	小森コーポレーション	プリントテクノロジーで社会を支え感動をもたらす	KOMORIグループパーパス
168	じげん	Update Your Story　あなたを、未来に。人生の岐路に立つ、すべての人の未来をアップデートする。	Purpose （私たちの存在意義）
169	コジマ	家電を通じて 笑顔あふれる　明るく暖かいみらいをつくる　くらし応援企業であること	パーパス
170	石原産業	化学技術でより良い生活環境の実現に貢献し続ける	パーパス
171	ローランド ディー ジー	世界の創造（ワクワク）をデザインする	パーパス
172	日本精化	「カガク」と「キレイ」のチカラで笑顔あふれるサステナブル社会創造に貢献し続ける	Purpose
173	ヤマエグループ ホールディングス	「流通のトータルサポーター」として多様な豊かさと暮らしを一人ひとりの生活にお届けする	パーパス（存在意義）
174	バイタルケーエスケー・ ホールディングス	人々が安心して健康に暮らせるよう、地域のヘルスケアを支える	パーパス
175	J-オイルミルズ	生活に欠かせないあぶらを原点に 自然の恵みから可能性を引き出し 確かな品質で食を支え続ける	存在意義 ［英］Purpose
176	月島ホールディングス	環境技術で世界に貢献し未来を創る	パーパス
177	山梨中央銀行	山梨から豊かな未来をきりひらく	パーパス（存在意義）
178	ピジョン	赤ちゃんをいつも真に見つめ続け、この世界をもっと赤ちゃんにやさしい場所にします	存在意義［英］Purpose
179	シグマクシス・ ホールディングス	CREATE A BEAUTIFUL TOMORROW TOGETHER	Purpose
180	フィックスターズ	ソフトウェアを効率的に動かすことで ●できなかった計算をできる計算にする ●コンピューティングに必要な消費電力を低減する	パーパス
181	西本Wismettac ホールディングス	食の安全・安心を守り、食とテクノロジーで世界をつなぎ、世界の人々の生活をより豊かに、より幸せなものにしていくこと	パーパス
182	MIRARTH ホールディングス	サステナブルな環境をデザインする力で、人と地球の未来を幸せにする。	Our Purpose（存在意義）
183	RYODEN	人とテクノロジーをつなぐ力で"ワクワク"をカタチにする	PURPOSE

184	四電工	進化する総合設備企業として人と社会と未来をつなぎます	Purpose（存在意義）
185	TDCソフト	世の中をもっとSmartに あらゆる変化と真摯に向き合い、技術と挑戦の力で	パーパス
186	アニコム ホールディングス	世界中に「無償の愛」を伝え、平和を取り戻し、維持発展させる。	パーパス（存在意義）
187	ヨコオ	人と技術で、いい会社をつくり、いい社会につなげる。	Purpose／存在意義
188	西華産業	地球環境と調和したサステナブルなエネルギー創出・産業活動を支援する	存在意義（パーパス）
189	都築電気	人と知と技術で、可能性に満ちた“余白”を、ともに。	パーパス （私たちの価値とあり方）
190	イオンファンタジー	こどもたちの夢中を育み、“えがお”あふれる世界をつくる。	パーパス
191	ビジネス エンジニアリング	世の中に創造業を増やす	パーパス （私たちの存在意義）
192	保土谷化学工業	私たちは、化学技術の絶えざる革新を通じ、お客様が期待し満足する高品質の製品・サービスを世界に提供し、環境調和型の生活文化の創造に貢献します。	PURPOSE／経営理念
193	CARTA HOLDINGS	人の想いで、人と未来の可能性を、拓いていく。	PURPOSE／ブランドパーパス
194	ワールド ホールディングス	世界中にあらゆる人が活きるカタチを創造することで人々の幸せと社会の持続的発展を実現する	パーパス
195	丹青社	空間から未来を描き、人と社会に丹青（いろどり）を。	パーパス／私たちの存在意義
196	栃木銀行	困りごとを「ありがとう」に変えながら、“笑顔”と幸せを守りつづける	パーパス
197	水戸証券	金融サービスを通じて価値を創造し、お客さまと地域社会の豊かな未来の実現に貢献する	パーパス
198	新日本製薬	美と健康の「新しい」で、笑顔あふれる毎日をつくる。	パーパス
199	アイティフォー	地方創生による社会貢献を通してすべての人や企業にサプライズを提供し、持続可能な未来の発展に貢献します	パーパス（存在意義）
200	スクロール	ダイレクトマーケティング事業を通じて、時代が求める豊かな暮らしづくりをサポートする。	PURPOSE（存在意義）
201	エステー	こころに響くアイデアで、ふとした瞬間を、ふふっと笑顔に。	パーパス
202	コーア商事 ホールディングス	ジェネリック医薬品の安定供給に貢献し、医薬品が必要な人を誰一人取り残さない社会へ	グループパーパス

203	丸文	テクノロジーで、よりよい未来の実現に貢献する	Purpose
204	ヤマタネ	多様な人財が集い、社会に貢献する力を生み出す	パーパス（存在意義）
205	ケンコーマヨネーズ	守るべきもの：心身（こころ・からだ・いのち）と環境　使命：食を通じて世の中に貢献する。	企業理念 ミッション＋パーパス
206	日本甜菜製糖	畑から、食卓へ。 てん菜から広がる可能性を見いだし、人と環境に優しいものづくりで、北海道、そして日本の未来に貢献します。	パーパス
207	コプロ・ ホールディングス	最高の「働き方」と最高の「働き手」を。	パーパス（存在意義）
208	大崎電気工業	見えないものを見える化し、社会に新たな価値を生み出す	企業理念（パーパス）
209	マネジメント ソリューションズ	マネジメントを、世界を動かすエンジンに。	ブランドパーパス
210	カーリット ホールディングス	信頼のモノづくりとサービスで、「安心」と「豊かさ」を届ける	存在意義（パーパス）
211	テスホールディングス	Total Energy Saving & Solution の実現により、世界的なエネルギー脱炭素化に貢献する。	パーパス（存在意義）
212	GSIクレオス	次代の生活品質を高める事業の創造者として人びとの幸せを実現する	パーパス
213	電算システム ホールディングス	情報技術と決済で豊かな社会を実現し、お客様の感動とその夢を叶えることで、社会に貢献する	Purpose（存在意義）
214	学情	つくるのは、未来の選択肢	パーパス
215	ラクト・ジャパン	世界を食で繋ぎ、人々を健康に、そして笑顔にする	パーパス
216	燦ホールディングス	シニア世代とそのご家族の人生によりそい、ささえるライフエンディングパートナー	パーパス
217	BEENOS	野心とテクノロジーで世界の可能性を拡げるNextスタンダードを創る	Purpose（存在意義）
218	ヨロズ	社会貢献を第一義とし、たゆまぬ努力で技術を進化させ、人びとに有用な製品を創造する。	存在意義 ［英］Our Purpose
219	セルソース	未来を変える	Purpose／社会的存在意義
220	ブレインパッド	データ活用の促進を通じて持続可能な未来をつくる	PURPOSE
221	東和銀行	私たちは、地域のお客さまに寄り添い、ともに豊かな未来を創造します。	パーパス
222	井関農機	「お客さまに喜ばれる製品・サービスの提供」を通じ豊かな社会の実現へ貢献する	基本理念〔Purpose〕

223	イートアンド ホールディングス	食を通じて、持続可能な社会の実現に貢献し、+&の発想で、ワクワクする未来を生み出し続けます。	パーパス
224	Fast Fitness Japan	フィットネス習慣を拡大させることで健康寿命を延ばし、豊かな社会を創る	使命（パーパス）
225	アルトナー	日本が世界に誇る財産であるエンジニアの成長、自己実現をサポートする。	パーパス
226	グッドコムアセット	不動産を安心と信頼のできる財産としてグローバルに提供し、社会に貢献する	PURPOSE
227	明光ネットワーク ジャパン	「やればできる」の記憶をつくる	Purpose
228	清水銀行	地域を愛し、お客さまの未来をともに考え、共創します	パーパス
229	デジタル ホールディングス	新しい価値創造を通じて産業変革を起こし、社会課題を解決する。	PURPOSE
230	ぐるなび	食でつなぐ。人を満たす。	存在意義（PURPOSE）
231	アドウェイズ	全世界に「なにこれ　すげー　こんなのはじめて」を届け、すべての人の可能性をひろげる「人儲け」を実現する。	パーパス
232	人・夢・技術グループ	人が夢を持って暮らせる社会の創造に技術で貢献する。	PURPOSE（経営理念）
233	キユーピーネット ホールディングス	LESS IS MORE　それは、余計や無駄につながるモノゴトを省き、本当に必要なクオリティだけに集中すれば、豊かさにつながっていくという価値観です。そして、この価値観に基づく省力・省手間・省時間・省資源のチカラから生まれる余白・ゆとり。そこから人や地球が得られる本当の豊かさを追求し、その追求を継続していくことが私たちの存在意義と考えています。	私たちの存在意義 ［英］OUR BRAND PURPOSE
234	テイクアンドギヴ・ ニーズ	ホスピタリティ業界にイノベーションを起こし日本を躍動させる	PURPOSE
235	エイチーム	Creativity × Tech で、世の中をもっと便利に、もっと楽しくすること	Ateam Purpose
236	ベネッセホール ディングス	誰もが一生、成長できる。自分らしく生きられる世界へ。ベネッセは目指しつづけます。	グループパーパス

SMO PURPOSE STATEMENT LIST 2024
掲載順は2024年5月24日時点での時価総額順による
調査期間:2024年5月7日~2024年5月31日
調査対象:東証プライム上場企業1650社(2024年5月7日時点)
参照対象:上記対象企業の公式ウェブサイト上の開示情報

齊藤三希子

エスエムオー株式会社　CEO
株式会社電通に入社後、電通総研への出向を経て、2005年に株式会社齊藤三希子事務所（後にエスエムオー株式会社に社名変更）を設立。「本物を未来に伝えていく。」をパーパスとして掲げ、企業価値を高めるパーパス・ブランディングを日本でいち早く取り入れる。慶應義塾大学経済学部卒業。著書『パーパス・ブランディング～「何をやるか?」ではなく「なぜやるか?」から考える』（宣伝会議）。
www.smo-inc.com

企業が成長し続けるための7つのステップ

パーパスの浸透と実践

発行日　2024年9月26日　初版第1刷発行

著者　齊藤三希子
装丁　山田和寛＋竹尾天輝子（nipponia）
DTP　NOAH
発行人　東 彦弥
発行所　株式会社宣伝会議
〒107-8550 東京都港区南青山3-11-13
TEL 03-3475-3010（代表）
https://www.sendenkaigi.com
製本・印刷　モリモト印刷

ISBN 978-4-88335-613-3